斎藤清二
Saito Seiji
西村優紀美
Nishimura Yukimi
吉永崇史
Yoshinaga Takashi

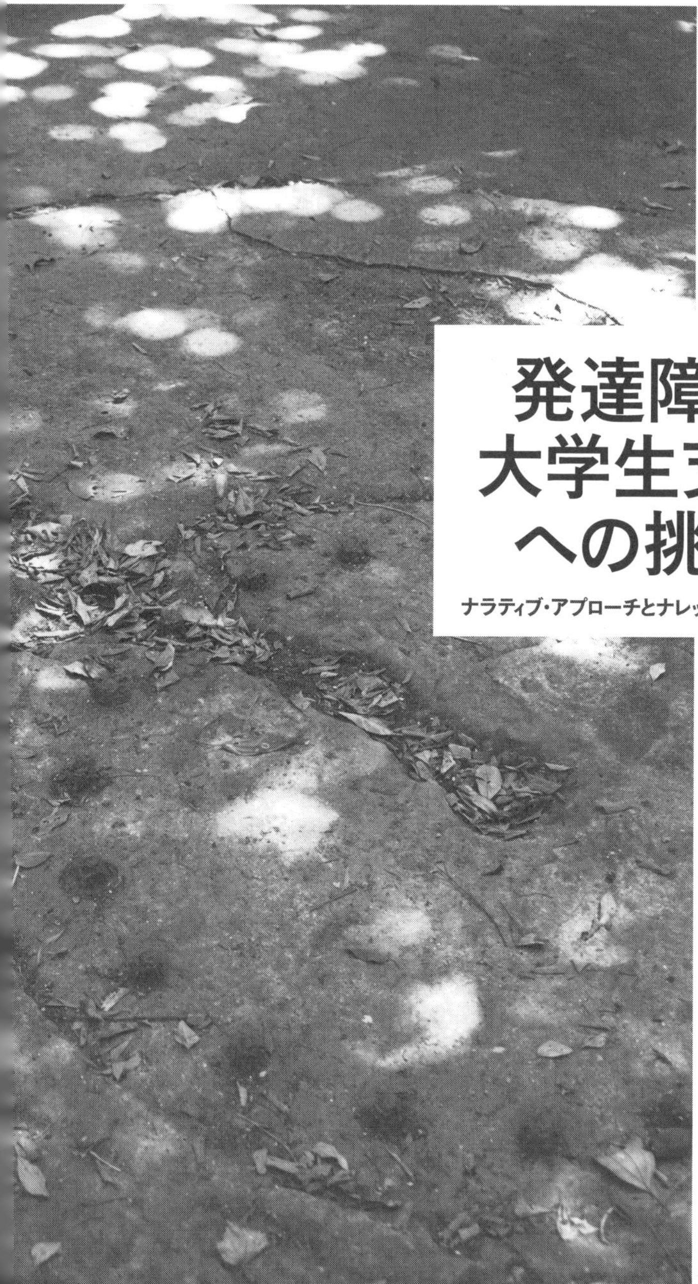

発達障害大学生支援への挑戦

ナラティブ・アプローチとナレッジ・マネジメント

金剛出版

序文

　大学における学生支援は長い伝統をもっているが，発達障害大学生の支援に焦点があてられるようになってきたのは，つい最近のことである。本書は著者らが所属する富山大学における，発達障害大学生支援の実践と経験に基づいて著されたものであるが，この実践が具体化するまでには複数の背景があった。

　近年の大学生の傾向として，社会的コミュニケーションに困難をもつ者が増加しているという素朴な印象が，大学キャンパス構成員の多くによって共有されている。そういった学生の多くは集団での行動を好まず，友人関係に無頓着であったり，逆に非常に敏感であったりする。教員との関係においても適切な距離を保つことが難しく，実習や卒業研究などにも支障をきたす。就職活動などの社会参入への準備に対応することが難しいことも多い。このような学生を支援しようとする教職員にとっても，彼らと適切なコミュニケーションをとることは非常に難しいと感じられる。著者らは，このような現代の学生の特性の一部は，知的に問題がないにもかかわらず，社会的な関係形成に著しい困難を抱える高機能発達障害と呼ばれる人々と共通性をもっているのではないかと感じていた。

　一方で，知的能力に遅れのない，いやむしろ通常の平均よりも高い能力をもった発達障害者が多数存在するという事実が，近年ようやく社会的に認知されるようになってきた。当然のことながら，そういった人達は試験を突破して大学に入学してくる。高等教育における発達障害学生支援への

関心は近年急速に高まっているが，現在までのところ個別の学生相談や学生支援の事例報告レベルにとどまっており，高等教育機関としての大学がどのような支援システムを構築すべきかについては定説がない。

このような背景の中で富山大学は，平成19年度文部科学省「新たな社会的ニーズに対応した学生支援プログラム（学生支援GP）」の支援を受け，「トータル・コミュニケーション・サポート：TCS」と名づけられたコンセプトに基づく学生支援システムを構築し，活動を開始した。TCSの実際の活動は多岐にわたるが，その骨子は，すべてのコミュニケーションに関わる問題を支援することを目標に，対話と実践のサイクルを連続的に駆動する場を構築し，その活動を通じて新しい知識を創造し共有するという，知識創造理論に基づくアクションリサーチの性質を有するものである。同時にこのプロジェクトは，発達障害を有する大学生への実効的な支援をその中核と考え，焦点をあてている。

本書の目的は，著者らの実践的研究の中から浮かび上がってきた実践知を明示化し，公開することにより，現代社会において強い関心を集めている発達障害支援における理論，方法論についての新しいモデルを提案することにある。高等教育の場に焦点をあてた発達障害支援，コミュニケーション支援に関する系統的かつ学術的な書籍は現在のところきわめて少ないので，出版の意義は大きいと考えている。

しかし一方で，本書で述べられている知見は，あくまでもひとつの大学のキャンパスにおけるローカルな実践から浮かび上がってきた，きわめて限定的な知識資産であるということを著者らは十分に理解している。著者らの実践は，本邦における発達障害支援の領域において今までに蓄積されてきた理論，方法論を，機械的に現場にあてはめたものではない。むしろ「大学における発達障害支援はどのようにして可能なのか？」という疑問

を常に念頭に置き,「その答えはまだ誰も知らない」という認識を保ちつつ,実際の支援において得られた詳細な質的なデータを基に,スタッフ間での議論を繰り返すなかから本書は生まれてきた。

本書は7つの論考からなるが,それぞれが扱うテーマは,大学における発達障害学生支援とはどうあるべきか,実際にはどうすればよいのか,それがうまくいかなかった場合はどのように改善するのか,といった,きわめて現実的なリサーチ・クエスチョンに基づいている。そのなかには,現在までの常識に真っ向から挑戦するラジカルなものをも含んでいる。しかし著者らは本書において,むしろ理論と実践のたゆまざる対話の中で必然的に生じてくる二項対立や矛盾を避けることなく,それに対する私たちなりの解消法をもたらす,未完成で暫定的な成果を示そうとしているのだということを自覚している。詳細については各章をお読みいただくことになるが,全体に通低すると私たちが考えている疑問,テーマについて,あらかじめ概観しておきたい。

第1は,発達障害の診断に関する問題である。これについては第1章で詳しく論じられる。大学という特殊な場において,通常のキャンパスライフを送ることに困難をきたしている学生を支援しようとする時,最初にぶつかるのがこの「診断」の問題である。これは単に,「専門家が少ないので診断を得るのに時間がかかる」とか,「正しい診断を得ることがそう簡単ではない」いった問題にとどまるものではない。むしろ,「発達障害という診断はそもそも何を意味するのか」,「発達障害を診断するという行為はそもそも何をしているのか」という根本的な疑問を提起するものである。その背景には,「疾病モデル」,「社会モデル」,「リハビリテーションモデル」,といった複数の発達障害モデルが,ときにはコンフリクトを伴いながら適

用されたり，されなかったりしているという現場における問題がある。第1章において提案される1つの解答は，「現象を説明する物語(ナラティブ)の多様性を容認する」という姿勢であり，それを下支えする理論としての「ナラティブ・アプローチ」を採用することである。

　第2は，アセスメントの問題である。診断にこだわらない支援を実践するといっても，支援のプロセスにおける個々の行動選択は必須であり，そのための適切なアセスメントを欠かすことはできない。アセスメントとは，診断のみならず，当事者の状態を把握し，支援の方法を選択し，どのような配慮を行うかを決定し，支援そのものがうまくいっているかどうかを評価し，予後を予測するといった一連の作業をさす。第2章では，発達障害児童のアセスメントの中心的作業とされている心理アセスメントは，必ずしも大学生支援の実態にそぐわないことが指摘され，これに代わるものとして「ナラティブ・アセスメント」という方法論が提唱される。ナラティブ・アセスメントとは，単なる発達心理査定を意味するものではなく「発達障害大学生支援における連続的な判断プロセス（診断，支援方法の選択，合理的配慮の決定，支援効果の評価，予後予測など）を，物語的対話(ナラティブ)を通じて行うための方法論」と定義されるものである。

　診断とアセスメントをめぐる問題がある程度整理されると，次に問題になるのは，「支援対象の学生と支援組織とのアクセスをどのようにして確保するか」，「支援のために必要な援助リソースを大学内にどのようにして継続的に確保するか」といった現実的な課題になる。第3章では，上記の問題を，システム構築という観点から整理し，理論と実践の相互関係を重視するモデル構築が試みられる。大学における発達障害学生支援システムの抱える現状での大きな問題点は，①支援対象集団（発達障害学生）の把握とアクセス確保のための理論，方法論が未整備であること，②支援実践の

ためのリソース確保の方法論と手段が未整備であること，の２点に要約される。この２つの"あいまいな"部分を抱えつつ，現実の支援システムを構築，運営していくためには，従来からの応用科学モデルでは不十分である。著者らは上記のような問題を解消しつつ漸進的に有効なシステムを構築，運営するために，「ナレッジ・マネジメント」と「ナラティブ・アプローチ」という２つの実践科学モデルを導入した。第３章では，富山大学における発達障害学生支援システムがこれらのアプローチに基づいてどのように構築され，実際に運営されているかについての概説を試みる。

　システムが構築され，支援対象学生へのアクセスが実現すると，次のステップは，実際に対象学生をどのように支援していくかについての具体的な方法論となる。発達障害大学生支援の２つの核は，１つは個人的支援（personal support）であり，もう１つは合理的配慮（reasonable accommodation）に代表される環境の調整である。個人的支援は主として，医療モデル，心理臨床モデル，リハビリテーションモデル，特別支援教育モデルなどに基づいた実践であるのに対して，合理的配慮は，障害の社会モデルに基づいた実践である。第４章において明確にされているように，合理的配慮とは定義上，「特定の場合（個別の状況）において必要とされる調整または変更」であるから，個々の状況における適切な合理的配慮は，そのつど探究的に創造されなければならない。第４章においては，富山大学における合理的配慮の探究プロセスの明示的なモデル化が試みられ，①ナラティブ・アセスメント，②コーディネーション，③合理的配慮の実行と評価，の３つの段階からなる循環的過程として描き出される。

　次に発達障害大学生支援のための個人的支援の方法論が問題になる。現在までの発達障害児童への支援は，主としてカウンセリングや遊戯療法などを中心とした心理臨床モデルと，TEACCHプログラムやSSTを中心と

する特別支援教育モデルが，多くの場合は折衷的に，ときに対立的に，用いられてきたといえる。第5章では，大学生という，思春期から青年期への発達段階にいる人たちへの支援法として，従来の心理臨床モデルと特別支援教育モデルの両者を統合する，ナラティブ・アプローチに基づく心理教育法の実際が詳述される。

　第6章では，アスペルガー症候群の特性にスポットをあてたコミュニケーション教育の新しい在り方が述べられる。まず，アスペルガー症候群のもっとも基本的な特性であるとされている，"Wingの三つ組み"が批判的に検討され，次いで発達障害者へのコミュニケーション教育法として，現在のスタンダードとみなされているSSTの問題点と限界が考察される。これらの批判的考察を下敷きとして，著者らが開発を試みている新しいコミュニケーション教育法のひとつである，「トータルコミュニケーションワークショップ」の理念と実際が紹介される。

　発達障害大学生の支援において，もっとも困難が多く，実践の理論化が遅れている領域は，就職支援であると思われる。行政，福祉機関の支援を受けて，障害者雇用率制度に基づく福祉就労を目指す選択肢があるとはいえ，当事者の手帳取得は一般的ではないうえに，手帳を取得したとしても就労が困難であるという現実がある。本人の障害認識がない場合は，「障害」を冠した支援機関を利用することが不可能であるため，さらに対応が困難となる。一方で，発達障害の特性をもった大学生が一般就労している例はけっして珍しくない。第7章では，発達障害大学生への就職支援の問題点を，学生，福祉就労支援機関，大学支援スタッフのそれぞれの立場から整理したうえで，診断を持たない発達障害大学生にも対応できる，大学での就職活動支援モデルが提起される。

本書で概説されている，あるいは提案されているアイデアは，けっして"唯一の"正しい説明物語でもなければ，どのような状況にも適応できる"一般的な"方法論でもない。著者らは，富山大学における実践の中から，いくつか暫定的なアイデアを構築し，既存の特別支援教育，医療，社会福祉，発達心理，心理臨床などにおける理論的対立を止揚し，「ナラティブ・アプローチ」，「ナレッジ・マネジメント」などの新しい視点，理論，方法論を取り入れ，対話と実践のサイクルの中から浮かびあがりつつあるモデルを，本書を通じて提案する。本邦の大学における，コミュニケーションに困難を抱えるすべての学生に対する支援，特に発達障害学生支援のための，より有効なモデル構築の一助として本書が少しでも貢献することができれば，それは著者らの望外の喜びである。

平成22年7月1日

著者を代表して　斎藤　清二

目次

序文
斎藤清二 ... *3*

第1章 コミュニケーション支援と
ナラティブ・アプローチ
斎藤清二 ... *17*
- I はじめに ... *17*
- II 大学における発達障害学生支援の問題点 ... *19*
- III 高機能発達不均等（High-Functioning Developmental Imbalance）という
コンセプト ... *22*
- IV 大学生支援におけるナラティブ・アプローチという視点 ... *35*
- V おわりに ... *41*

第2章 ナラティブ・アセスメント
西村優紀美 ... *44*
- I はじめに ... *44*
- II 「腑に落ちない」臨床像 ... *47*
- III アセスメントに関する諸問題 ... *51*
- IV ナラティブ・アセスメント ... *53*
- V ナラティブ・アセスメントによる事例の紹介 ... *61*
- VI おわりに ... *66*

第3章　システム構築と運営のための　ナレッジ・マネジメント
　　　　　　吉永崇史・斎藤清二 68
- I　はじめに 68
- II　ナレッジ・マネジメントとは 71
- III　富山大学における発達障害学生支援のための活動モデル 80
- IV　学内外の連携体制の構築 93
- V　支援チームの形成とマネジメント 95
- VI　オンラインシステム（富山大学PSNS）の構築 100
- VII　おわりに 105

第4章　チーム支援を通じた合理的配慮の探究
　　　　　　吉永崇史・西村優紀美 109
- I　はじめに 109
- II　合理的配慮の基本的な考え方 110
- III　合理的配慮を探究するためのチーム支援 115
- IV　合理的配慮の探究プロセス 118
- V　合理的配慮探究プロセスの事例 123
- VI　大学生のキャンパスライフにおける合理的配慮のニーズ 130
- VII　おわりに 136

第5章　心理教育的アプローチ
　　　　　　西村優紀美 140
- I　はじめに 140
- II　心理教育的アプローチ 142
- III　心理教育を支えるナラティブ・アプローチ 147
- IV　問題（problem，あるいはdifficulty）に対する対応事例 149
- IV　課題を通した心理教育的アプローチ 161
- V　おわりに 195

第6章　コミュニケーション教育法
　　　　　　西村優紀美 *202*
- Ⅰ　はじめに *202*
- Ⅱ　Wing の三つ組みへの疑問 *204*
- Ⅲ　ソーシャルスキルトレーニング（Social Skills Training : SST）........ *208*
- Ⅳ　従来のコミュニケーション指導の限界と課題 *209*
- Ⅴ　エデュテイメント理論に学ぶコミュニケーションワークショップ *213*
- Ⅵ　トータル・コミュニケーション・プログラムの開発 *215*
- Ⅶ　まとめ *236*

第7章　就職活動支援ストラテジー
　　　　　　吉永崇史 *240*
- Ⅰ　はじめに *240*
- Ⅱ　ASD 大学生が直面する就職活動の困難さ *242*
- Ⅲ　大学支援スタッフが直面する問題 *246*
- Ⅳ　ASD 大学生への就職活動支援の理論基盤 *247*
- Ⅴ　ASD 大学生への就職活動支援の準備 *250*
- Ⅵ　ASD 大学生への就職活動支援の進め方 *252*
- Ⅶ　ASD 大学生への就職活動支援事例 *257*
- Ⅷ　まとめと今後の課題 *261*

あとがき *265*

索　　引 *271*

発達障害大学生支援への挑戦
――ナラティブ・アプローチとナレッジ・マネジメント――

第1章
コミュニケーション支援とナラティブ・アプローチ

斎藤清二

I はじめに

　大学生のキャンパスライフにおける問題は多岐にわたるが，その共通基盤として，社会的コミュニケーションの困難という問題が重要である。コミュニケーションとは定義上，「二人（あるいは二人以上）の人間同士が言葉などのシンボルを用いて情報を交換すること」，とされるが，これらの行為は，明示的で合理的な情報の伝達（理性的なコミュニケーション）と，意味や価値や感情などの"暗黙知的な"情報を伝達，共有すること（感性的なコミュニケーション）の2つの要素から成り立つと考えられる。このコミュニケーションの2つの側面は相互に複雑に絡み合っているが，いずれにせよこの2つの側面がうまく調和的に機能しない場合，いわゆる「話が通じない」という状況におちいってしまう。このような状況は，大学生のキャンパスライフを著しく困難にさせるだけではなく，学生とコミュニケートしつつ教育や修学支援を行おうとする教職員にとっても，そ

の職務遂行を困難にさせる。その結果，多彩な問題がキャンパスライフに招来されるわけであるが，そのいくつかを例示すれば，不登校，ひきこもり，単位取得困難，留年，休学，退学，卒業研究指導の困難，就職活動の困難などが挙げられ，そして最悪の場合は暴力行為や自殺といった重大な問題行動という形であらわれるかもしれない。このような，キャンパスライフで生じるさまざまな困難（困りごと：trouble）の解決や解消のためのさまざまな支援を行うことは，大学の機能のひとつの重要な側面である。

　一方近年，社会的コミュニケーションに著しい困難をもっている人の一群が存在していることが注目され，その人たちがもつ問題は，発達障害（developmental disorder）としてカテゴライズされるようになってきた（小見，2008）。発達障害とは，概念的には，生まれた時以来，あるいは人生のごく早期からもっている能力的な障害であり，その根本的な特性は一生涯変わらないと考えられている。発達障害にはいろいろな観点からの分類がありえるが，一般には，①自閉症スペクトラム障害（Autistic Spectrum Disorder：ASD）または広汎性発達障害（Pervasive Developmental Disorders：PDD），②注意欠如／多動性障害（Attention-Deficit/Hyperactivity Disorder：ADHD），③学習障害（Learning Disorders：LD），④その他の発達障害，の4つの下位分類に分けられている。しかしこれらの下位分類同士には少なからず重複が認められること，幼少期から大学生にいたるまでの間に，表面に出てくる問題が変化することがあることなどから，実際の支援においては下位分類にこだわることにはあまり意味がないという主張もある（福田，2008）。また自閉症とアスペルガー症候群（AS）の異同についても議論があり，ASは，自閉症の特徴であるとされる"Wingの三

つ組み"（コミュニケーションの障害，社会性の障害，想像性の障害）をもつ人のうち，知的障害がなく，言語を通じた意志疎通に明らかな障害をもたない者とされているが，大学生においては，実質的に高機能自閉症と AS を区別する有用性はないと考えられている（福田，1996；福田，2008）。従来発達障害が問題になるのは，幼小児期であると考えられていたが，近年大学生にも発達障害の特徴を呈する者が増えてきたことが注目され，このような学生に対しての大学における支援の在り方が議論されるようになってきた（福田，1996；福田，2008；岩田，2003；中島，2003；西村，2009）。

富山大学では，平成 19（2007）年度文部科学省「新たな社会的ニーズに対応した学生支援プログラム（学生支援 GP）」の選定を受け，「『オフ』と『オン』の調和による学生支援——高機能発達障害傾向をもつ学生への支援システムを中核として——」を開始した。このプログラムは支援の中核をいわゆる発達障害傾向をもった学生の支援におくが，必ずしも対象を限定せず，社会的コミュニケーションに困難をもつ学生を包括的に支援するプロジェクトとして設計されている（斎藤，2008；斎藤・西村・吉永，2009）。本稿では，このプロジェクトの中核となる高機能発達障害学生への支援システムを構築するなかから浮かび上がってきた問題点について考察し，大学における発達障害学生支援についてのいくつかの新しいパースペクティブを提唱する。

II　大学における発達障害学生支援の問題点

本邦において，大学生の発達障害が本格的に注目されるように

なったのは比較的最近のことである。もちろん発達障害の子どものうち，知的能力の高い者が大学に進学することが当然ありうるということは以前から指摘されていた。しかし本邦の大学における学生支援・学生相談の視点から，明確に発達障害の事例に焦点をあてた研究報告としては，広汎性発達障害の疑いのある大学生2症例の考察を行った福田の報告（福田，1996）がおそらく最初であろう。福田は精神科医であり，保健管理センターによる学生相談をその主たるフィールドとする立場から，「大学保健管理センターでは問題が学内にとどまり，本人の希望がない場合両親と面接しないことが多く，詳細な発達過程は聴取できないため発達障害の診断の根拠は，現症と本人の過去に対しての陳述のみから行う。そのため診断上で限界がある……」（福田，1996）と述べている。この「速やかに確定診断を得ることが事実上困難である」ということが，大学における発達障害者支援の最初の問題であると思われる。

　もちろん，『発達障害者支援法』が成立し，小学校～高校における特別支援教育が充実しつつある今日，すでに支援を受けた実績をもち，専門家による診断もなされている発達障害の生徒が大学に進学してくるケースが，今後増加してくることはまちがいない。しかし大学の現状では，まだまだ発達障害の支援どころか，その可能性さえ指摘されないままに大学に進学し，キャンパスライフにおいて，はじめて彼らの「生きにくさ」があらわになるケースの方が多いと思われる（西村，2009）。このような学生をどのように支援に結びつけるのかという問題には簡単な解決法はない。確定診断が得られているケースだけを支援の対象とするならば，大多数の支援ニーズを抱える学生は，支援の網からこぼれおちてしまうだろう。そこで

診断がなされているかどうかではなく，キャンパスライフに困難を抱える学生の支援ニーズを出発点として支援を開始するという方策が考えられる。しかしその場合，そのような学生のニーズをどのように拾い上げるのかという方法論が必要になる。さらに，そのような支援を行おうとする場合，支援対象が際限なく広くなってしまい，支援のリソースがそれに追いつかないのではないかということが危惧される。

そこで富山大学では，上記の問題に対処するために，トータル・コミュニケーション・サポート（total communication support : TCS）というコンセプトに基づく支援プロジェクトを企画した。TCSの設計と運用の実際については，すでにいくつかの論文で述べ（斎藤，2008；斎藤・西村・吉永，2009），本書の第4章においても詳細に議論されているので，ここでは支援へのアクセスという点に絞って要約する。

TCSは，支援対象者が発達障害の診断をもつ，もたないにかかわらず，すべてのコミュニケーションに関わる問題を支援することを目標とする。TCSは支援対象者の診断やスクリーニングを重要視せず，支援の出発点を当事者の困りごとにおく。そしてコミュニケーションに関わる困難を抱えた学生や教職員が，サポートシステムに容易にアクセスするための複数のチャンネルを用意する。サポートの中核を担うハブとなるトータルコミュニケーション支援部門（TCSI）への直接・間接のアクセスを推進するために，新入生および教職員全員にTCSIのパンフレットを配布し，全学部の教務窓口，教養教育窓口との連携を強化し，学生本人からの相談を促すとともに，事務職員，教員からの紹介を促している。アクセスの手段としては，直接来談，電話，インターネット（メールおよびSNS）

による相談を受けつけている。

　このようにアクセスの多元性を重視した支援を行う時，問題になるのは「このような支援を行う時，支援されている学生は，実際のところどのような人たちとして理解されるのか？」という疑問である。TCSは発達障害の学生（通常は専門家による診断を得ている者を指す）だけを対象としているわけではない。しかし，個々の判断や見立てをまったくしていないわけではないし，特に支援のニーズがあるかないか，どのような支援が必要なのかについては個別的で柔軟な判断を行うことを目指している。それでは発達障害という診断にこだわらずに，しかも適切な支援範囲をそのつど明確にしていくというようなことがどのようにして可能なのだろうか。私たちのプロジェクトでは，このような実践を行うために有効なコンセプトとして，「高機能発達不均等」と，「ナラティブ・アプローチ（物語的接近法）」の2つの概念を重視している。以下の項ではそのそれぞれについて詳述していきたい。

Ⅲ　高機能発達不均等（High-Functioning Developmental Imbalance）というコンセプト

　筆者らが大学で出会う，"社会的コミュニケーションに困難を抱える"学生の多くは，人生のある時点から一種の「生きづらさ」を抱えつつも，大きな破綻をきたすことなく大学に入学してくる。一般入試を突破して入学する学生の場合，少なくとも知的能力や学力には大きな問題はなく，むしろ平均的学生に比べると優秀な場合も多い。しかし彼らは，社会生活や他者との人間関係形成に困難を抱

えており，その問題は本人によってもある程度自覚されていることが多い。彼らに共通する特徴を一般化することは難しいが，プロジェクトにおける私たちの経験からある程度典型的と思われるストーリーを抽出することで，議論を進めるための素材としてみたい。（以下に述べるAさんのストーリー，次項で述べるB君のストーリーは，私たちの複数の事例経験を合成し，個別情報を改変したものである。したがって現実には「Aさん」，「B君」という特定の学生は存在しない。）

　Aさんは理系学部の4年次に在学する女子学生。就職支援窓口で相談中に突然泣き出してしまったという事件をきっかけに，支援室での相談を勧められ，来談した。これまでの経緯を尋ねると，Aさんは時折涙を流しながら，以下のように話してくれた。高校のころから理系科目を教える教師になりたいと思っていた。しかし「おまえは人前で話すことが苦手だから」と家族に言われ，さんざん迷った末，公務員講座を受けることにした。4年になって，公務員試験や本格的な就職活動が目前になった時点で，自分が公務員になって何をしたいのか，民間に就職したら何をしたいのかということがまったくわからなくなり，混乱してしまった。「一番の問題は，自分が何をしたいかの目標がないことです」とAさんは語った。Aさんの語り口は，話があちこち飛んで焦点が定まらず，話の途中で突然泣きだしたり，そうかと思うとけろっとした様子で笑ったりといった具合で一貫性がなく，語られるストーリーを追跡することに困難を感じたが，それでも面接が終わるころには落ち着いた表情になった。
　その後の面接では，就職活動や将来への不安についての語りとともに，今まで友人関係に非常に気を使ってきたが，うまくいかないことが多かったということが語られるようになってきた。「就職のことが

不安なのが問題だと思っていましたが，今まで友人関係で辛い思いをしてきて，我慢してきたことが，自分の本当の問題だったのではないかと思うようになりました」。「私は，他人から，『いつも笑っていて，幸せそうでいいね』などと言われますが，実際にはずっと辛いと思ってきました。他人と一緒にいると，その人が何を考えているのかが気になって，授業やアルバイトに集中できません」。また就職活動についても，「面接になったら，ほかの都市までひとりで行かなければならないのに，電車に乗ることができない，とか，敬語が使えないとか，定型文の手紙が書けないとか，大人にならないといけないのに，大人になっていないなあと考えさせられてしまいます」と述べ，社会生活をやっていけるかどうかの不安が語られた。

またあるときAさんは，ゼミの教員とのやりとりのエピソードについて語ってくれたが，この会話にはAさんの思考パターンがよくあらわれている。「ゼミの先生に質問に行ったら，『このくらいの問題は解けるはずだ』と言われました。『解けません』と言ったら，『私も10年前には解けなかった。解けるように努力しなければ』と言われたので，『解けるようになりたいとは思えません』と言ったら，『問題を解きたいという気持ちがなければ，問題は解けるようにならない』と言われました。『それではどうやったら問題を解きたいという気持ちになるのだろうか？』と考えてしまいました」。「先生に，『どういう仕事が好きなのか』と聞かれると，わかりません。『趣味は？』と聞かれて，『ない』と答えたら，『それをすると時間を忘れて，疲れないのが趣味』と言われました。そうすると，仕事も『やってみて時間を忘れて，疲れないのが好きな仕事』ということかな，と思いました」。

Aさんは，苦労しつつも就職活動を続け，最終的にある会社の内定を取得した。最大の懸案の就職の問題は解決したが，その後Aさんは過去にあった友人との間でのトラブルを想起し，それが頭から離れず

怒りが抑えられないということについて，何度も面接で語った。卒業目前となり，面接の終結間際にＡさんは以下のようなエピソードを語った。「以前は，他人と会った時の情景や話したことなどを，努力しなくともすべて覚えていました。授業で習ったことや教科書を読んだこともそのまま覚えているので，あまり勉強をしなくても成績はよかったです。過去の体験もすべてが現在という感じです。最近は，一生懸命覚えようと努力しないと覚えられないので大変です。そのせいで，嫌な体験をそのまま覚えているというのも減ってきて，忘れるようになったので，それは助かっています。高校生まではまちがいなくその能力がありましたが，大学に入ってからだんだんそれができなくなって，気がついてみたらそれができなくなっていました」

　Ａさんは大学４年生まで，日常生活に大きな破綻をきたすことはなく，表面上は普通の大学生としてすごしてきた。しかしＡさんにとって，まわりの友人たちとの人間関係は，「他人から『いつも笑っていて，幸せそうでいいね』などと言われるが，実際にはずっと辛いと思ってきた」という「生きにくさ」の連続でもあった。教師になりたいという以前からの一貫した物語が破綻した時，Ａさんは混乱におちいった。面接の中でＡさんは，自分の社会的な能力（ほかの都市へ旅行したり，書類を書いたりといった通常の成人であれば当たり前のこと）が未成熟であることを自覚し，それについて語るようになった。さらにＡさんは，ものごとの本質を常に理論的に問うていくような思考パターン（「仕事とは何か？」，「趣味とは何か？」など）を常に採用しているために，むしろ社会から要求されることを「深く考えることなく，そつなくこなしていくこと」ができないということが見て取れた。面接の最後でようやく明らかになったエ

ピソードは，Aさんが「一度目にしたものは，すべて写真のように目の前に再現できる」という特殊な能力をもっていたということであり，それゆえに，過去の嫌な体験をまざまざと再現してしまい，そのたびに嫌な思いや怒りを再体験してきたことが理解できる。このような体験をしていることがわかれば，Aさんが，1年以上前の友人とのトラブルについて，執拗に面接において怒りを表明したことはよく理解できる。

　Aさんの小児期のエピソードは，本人からの漠然とした情報しかわからず，家族面接も行われていないので，Aさんが発達障害と診断されるかどうかは，これだけの情報ではわからない。しかし面接で明らかになったAさんの特徴には，他者とのコミュニケーションに苦労しながら成長してきたこと，社会的な常識とされているような知識や経験に乏しく，そのためもあって就職活動などの社会活動に困難を生じていること，過去の嫌な体験を繰り返し訴えたり，怒りが持続したりする，いわゆる「こだわり」を感じさせることなど，自閉症スペクトラム障害に特有とされている，いわゆる"Wingの三つ組み"（社会性の障害，コミュニケーションの障害，想像性の障害）に合致する特徴が見てとれる。

　一方でAさんは，一度見たものをそのまま視覚的に再現できるという特異な能力をもっており，記憶力が非常に優れていること，抽象的な思考能力に優れていること，自分が専攻した領域の学問は難なくこなしていることなど，優れた能力をたくさんもっている。しかしこのAさんの能力は，必ずしもAさんにとって良い結果だけをもたらしているかというとそうではない。Aさんは，通常の人ならばやすやすと答えられるような「あなたの趣味はなんで

すか？」,「あなたはどんな職業に就きたいのですか？」といった質問に答えることができない。Ａさんは,「趣味とは,そもそも何であるのか？」,「仕事とは何であるのか？」という,ものごとの本質を問うような疑問に自然に惹きつけられてしまう。一般的な就職活動において要求されるような,「自己分析」や「自己アピール」などということは,Ａさんから見れば「そんな根本的で難しいことが,他の人にはどうしてできるのか？」ということになる。そうすると結果的に就職活動という,現代の大学生のほとんどが行わなければならない活動が著しく困難になってしまう。

　しかし一般にこのような現象は,必ずしもＡさんに限ったことではない。現代の多くの大学生が,Ａさんと同じようなことに悩まされている。「自分が本当にしたいことなど全くないように思える」,「考えれば考えるほど,自分には良いところなどないようにしか思えない」,「自分の良いところをアピールしなければ就職できないとしたら,就職活動とはいったいなんなのだろうか？」,「私はそんなことはしたいとは思わないが,それでもしなければならない」。彼らの多くが抱くこのような感覚とそれに伴う苦しさは,はたして「『社会性』という発達させるべき能力が生まれつき障害されている」ために引き起こされるものなのだろうか？　彼らの苦しさは,「ものごとの本質を問い」,「自省的,論理的な思考をする」ことを価値ありとする大学というアカデミックな場において,本来尊ばれなければならない「能力」ゆえなのではないだろうか。もしそういった「能力」がむしろ高すぎるために,「社会性」が障害されるのだとしたら,彼らがおちいっている困難を,「社会性の障害」とラベルし,彼らを「発達障害の傾向がある」とラベルすることは本当に適切な

のだろうか？

　しかし一方で，「Aさんのような学生は多数存在し，それは青年期に特有の一過性の過敏状態にすぎない」という考え方も，現実に合わない点がある。Aさんは実際に，就職支援の窓口で泣き出してしまい，固まってしまう，といった誰の目にも明らかな問題を引き起こしていたし，実際にAさんにとっての支援ニーズは明らかにあった。また，Aさんの「経験したことを視覚イメージとして鮮明に再現できる」という認知特性も，誰にでもあるというものではない。しかしこの能力でさえも，Aさんに対して「勉強に苦労したことがない」というメリットだけではなく，「嫌なことでもすべて覚えており，まざまざと視覚的に再現される」という本人にとっての苦しみをもたらしている。しかしこの現象を「想像性の障害によるこだわり」と専門家がラベルするとしたら，それは適切な描写なのだろうか？　このことは本当に「想像性の障害」なのだろうか？

　むしろ「文字通りの，あまりにも鮮明すぎる想像力」が自動的に生じてしまうという，特殊な能力によってそれらは引き起こされているのではないだろうか。

　一事例の描写から，すぐになんらかの結論を導こうとする態度は性急すぎるという批判は当然のことであるが，私たちはプロジェクトにおいて複数例の経験を積み重ね，たがいに討論するなかから，少なくとも大学キャンパスというローカルなコンテクストにおいて，社会的コミュニケーションの困難さを抱えた学生達を支援しようとする時に，彼らの大部分を「発達障害＝発達させるべき能力の生得的な障害（極端にいえばある能力の欠損）」とラベルすることは，彼らに対して有効な支援を行うという目的から見て，あまり得策ではな

い，と考えるようになった。むしろ，彼らは発達させるべきいくつかの能力（少なくとも潜在能力）が高すぎるために，平行して発達させるべき他の能力との間に不均等（imbalance）を生じてしまい，それがいろいろな困難さを彼らにもたらしていると考えた方がよいのではないかというのが私たちの仮説である。そこで私たちは，社会的にコミュニケーションに困難を抱え，一般に発達障害と呼ばれているような傾向をもっているが，ある分野においては卓越した能力をもっているような学生を，とりあえず，高機能発達不均等（High-Functioning Developmental Imbalance : HFDI）と呼ぶことを提唱したい。HFDIの暫定的な定義は以下のようにまとめられる。

- 知的発達の遅れを伴わない。
- 興味や関心が特定のものに限られる。
- 特定の卓越した能力をもっている。
- 他人との社会的関係の形成が困難。
- 独特の認知・思考のパターンをもっている。
- 被害感，怒りを持ち続けがち。
- 発達障害の診断基準を満たす場合もあれば満たさない場合もある。

もちろん，上記の暫定的な定義はかなりあいまいなものであり，今後支援の継続を重ねるなかで，より適切なものへと改良していく必要がある。さらにこれは，医学的あるいは発達心理学的な診断基準に対して異議を唱えるというようなことをもくろんでいるのではなく，あくまでも大学における学生支援という場に限定し，とりあ

えずの支援方針を策定し，支援を実践するなかから，より適切な状況理解を当事者の学生と支援者の相互交流の中から作り出していくための出発点となる暫定的な概念であることを明確にしておかなければならない。

しかし，従来「障害」とラベルされていたカテゴリーを「不均等」と呼び替えることによってもたらされるメリットもあると思われるので，期待されるメリットについていくつか整理しておきたい。

■「一生変わらない」から「発達バランスの回復」へ

発達障害とは，概念的に「脳のなんらかの異常によって，生まれつき，あるいは発達の早期に機能不全があらわれて，一生持続するものである。薬で治療する病気とは異なり，できるだけ早期から周囲が理解して，環境を整え，養育的な対応をすることが重要である」とされている。本人への治療ではなく，環境の整備の必要性を強調することは，もちろん意味がないことではない。しかし，「障害が一生持続する」ということが強調されすぎると，「障害特性は変化しない」というニュアンスもまた強調されることになる。しかしわれわれの経験からも，また多くの事例研究報告（松瀬，2009；浦野・細澤，2009；西村2009）からも明らかなように，彼らは，他者との交流によって自らの経験を意味づける作業を通じて，明らかに変化していく。大学生に限らず，支援にあたっているものの多くは，彼らがまさに「成長し発達する」という実感をもっている。「発達不均等」とは，「発達途上にある能力の間に不均衡がある」ということであり，たまたま相対的に発達の遅れている部分（多くの場合は社会性である）があるにしても，それは成長可能であるし，同時に優れている部分

に対してより多くの注目を与えることが可能になる。支援の目的は欠損している能力を支援者が補うということよりもむしろ，学生のもつ優れた部分が発揮されるように支援し，学生の自我成長を促しつつ，発達のバランスを回復させていくことにおかれることになる。

■「障害受容」から「特性理解」へ

　障害モデルとは，障害を早期に診断し，環境を整えると同時に，本人およびその家族に障害受容を迫るというプロセスを必然的に内包する。障害モデルを採用するかぎり，心理教育や自己理解の促進という作業は，「自分の障害についての『正しい知識』を獲得してそれを受け入れる」ことを目指すものになる。しかし多くの場合，「障害についての正しい知識」とはあくまでも専門家の中にある「知識」であり，それは往々にして，学生本人や家族が理解している内容とは一致しない。大学生の場合，すでにかなり長い人生をそれなりに乗り越えてきたという歴史を彼らはもっている。そのような歴史に基づく自己理解のストーリーを形成している彼らにとって，「障害受容」を迫られる体験というものは，たとえそれが「専門家の視点からは正しい知識」であったとしても，「侵害的」に感じられることがあるのはやむをえないと思われる。ときにはそれまでの否定的な経験によってただでも低下している自尊感情を，さらに低めるような結果になりかねない。

　これまでの発達障害大学生の事例研究報告においても再三言及されていることであるが，学生や家族の自己理解にとって重要なことは，発達障害という診断を受け入れることというよりはむしろ「自分の特性」を理解することであり，それは具体的には「自分の得意

なところと苦手なところ」を理解することである（屋宮，2009；西村2009）。そうだとすれば，自己理解の内容としての「障害という概念」は，そもそもそれほど重要ではないということにはならないだろうか。もちろん本人や家族が，「障害」というモデルを受け入れる方にメリットがあるならばそうすればよいし，そうではなくて「障害」という言葉で表現されるものとは異なるモデルを採用することにメリットがあるならば，そうするように援助すればよいのではないだろうか。「発達不均等」という概念は，彼らが採用しうるモデルの選択肢を増やし，障害モデル以外の説明図式を通じての自己理解を増進することに益する可能性がある。

■「異なった人達」から「連続したスペクトラム」へ

　発達障害のモデルは，生得時にすでにもっていた障害が，年齢を経るにつれてつぎつぎと新たな障害を生み出していくというモデルであり，それが人生早期に「見逃される」ならば，二次的な障害という形で，つぎつぎと悪いことを生み出していくというモデルでもある。このモデルは，発達障害者とは一般的な集団とは明らかに区別できる特性をもった人であるという考え方が前提となっている。しかし現実には，中核的な発達障害の大学生がもっている特性のかなりの部分は，いわゆる一般の人も程度の差こそあれもっている。実際に相談室や支援の窓口を訪れる学生は，最初から彼らの特性をすべて示すわけでもなければ，自分の特性を自覚しているわけでもない。彼らの特性は支援などによる関わりを通じて次第に明らかになっていくものである。しかし今までの障害モデルでは，最終的に医学的診断がなされないかぎり，彼らは発達障害とはカテゴライズ

されず，彼らに対する支援の実際が公表されることはほとんどない。しかし大学のみならず，現代社会において，すべての人にとっての深刻な問題のひとつが，いわゆる「社会的コミュニケーションの困難」であることには多くの人が賛成するだろう。このような問題に対する支援の方法論が確立されれば，それは中核的な発達障害の学生のみならず，キャンパスの構成員すべてにとって恩恵をもたらす可能性がある。

　HFDIという概念は，ある意味では大学で学ぶ大部分の学生（あるいは教える立場にあるもの）にとって程度の差はあってもあてはまるものであるから，この問題に対する関心の領域を拡げるために有用である可能性がある。発達不均等とは，その人が発達させている能力のうち，あるものは非常に高いが，あるものは比較的低い状態にとどまっているので，全体として能力の凸凹があり，そのために（特に社会的なパフォーマンスにおいて）苦労しているという考え方である。そういう風に考えると，発達不均等はある意味では程度の差こそあれ誰にでもあるものだから，発達障害とみなされる人とそうみなされない人というのは，じつは連続したスペクトラム上にあり，けっしてあるところで明確に線引きできるものではないということになる。

■発達不均等の学生が生きやすい大学はすべてのひとにとって生きやすい

　私たちは，HFDIの学生が生活しやすいように大学を変える試みは，以下の2つの理由によって，すべての大学構成員にとってもよい効果をもたらすと考えている。

1) **そのような大学は，必然的に多様性を尊重する大学とならざるをえない**

　HFDI の学生は，他の人から見ればユニークな認知のしかたをしている。また HFDI の学生同士においても，認知のパターンはおそらくそれぞれ異なっている。一般にこのことは，「変わっている」とか「常識がない」というような評価をされがちであるが，それは偏った見方である。一人ひとりの人間が，（程度にもよるが），それぞれ違った世界を認識しており，多様なものの見方が存在することを認めあうことによって，各自がそれぞれのユニークさをより生かすことが可能になる。このような大学環境は，特定の学生だけではなく，すべての大学構成員にとって，より生きやすい場となると思われる。

2) **そのような大学は「暗黙のルール」に過剰に頼ることなく，明示すべきことをきちんと明示したうえで，質の高い交流が可能になる「場」を提供する**

　例外はあるにせよ，多くの HFDI の学生がもっとも苦手とすることは，「暗黙のルールを読み取ること」である。つまり，テクストとして明示化されることのない「暗黙のルール」がその場を支配しており，そこから少しでもはずれると，徹底的に非難されたり，その場から排除されてしまったりする世界は，HFDI の人にとっては恐怖の世界である。しかし，このような世界は，そのほかの人にとっても生きにくい世界ではないだろうか。日本の文化は，「言葉に表現されていないことを察して行動すること」をよしとする文化であり，このことにはもちろんメリットもある。しかしテクストやルールによって明示化できることはきちんと明示化したうえで，そ

のなかでよりよい交流を目指していくような文化は，HFDIの人のみならず，多くの人によっても生きやすい文化なのではないだろうか。そのような質の高い交流を大学内に生み出すことが可能になる「場」を提供することは，大学の大きな責務であると考える。

Ⅳ 大学生支援におけるナラティブ・アプローチという視点

　ナラティブ・アプローチとは，近年学際的な領域において注目されている思考，実践の在り方で，その理論的側面，方法論的側面が個々の領域において急速に整備されつつあるムーブメントである。医療の分野では，1998年にグリーンハル（Greenhalgh）とハーウィッツ（Hurwitz）らが，ナラティブ・ベイスト・メディスン（Narrative Based Medicine）という概念を提唱して以来，新しいムーブメントとして本邦においても普及しつつある（Greenhalgh and Hurwitz, 1998/2001；斎藤・岸本，2003）。本節では大学における学生支援にナラティブ・アプローチの視点を取り入れることがなぜ有用であるかということについて述べるとともに，HFDIという新しい物語(ナラティブ)を提唱することの妥当性を下支えする理論としてのナラティブ・アプローチについても言及する。

　通常私たちは，現実とは私たちによって認識されている疑うべからざる実体であると考えており，現実を正しく認識し，適切な行動選択によってそれに対処していくことで，問題を解決したり，よく生きていくことができると素朴に信じている。言葉を変えると，私たちを取り巻く現実とは，私たちがどのように考えるか，どのよ

うなことを語るか，どのようなことを期待するかということとは独立して，先験的（ア・プリオリ）に実在しているものであると考える。たとえば発達障害という障害，あるいは発達障害をもつ人（大学生）は，現実に存在しており，私たちはそれを正しく発見し，正しく理解し，正しく支援することを目指す必要がある，と考える。

しかし，ナラティブ・アプローチはそのような見方をとらない。むしろ私たちは，社会的な相互交流において，「発達障害」という言葉を用い，「発達障害という物語（ナラティブ）」を語り合うことによって，「発達障害」という現実（あるいは現実として私たちが共有するもの）を創りだしている，と考えるのである。これは，社会的コミュニケーションが困難であるためにキャンパスライフにおける支援を必要とする人など実際にはいない，などと言っているのではない。そうではなくて，私たちはそのような具体的な個人としての学生との対話，あるいはそのような学生をめぐる対話の中で，「発達障害という物語」を語りあうこともできるし，それとは違う物語を語りあうこともできるということが重要なのである。それらの物語には，「病気」とか「性格」とか「個人の努力次第」とか「個性」とか「能力」などとラベルされるものが含まれるだろう。ナラティブ・アプローチは，そのうちのどれかが唯一正しい物語であるとは考えず，複数の物語の併存を許容し，その具体的な時点，その具体的な状況におけるもっとも有用な物語を採用すればよいと考えるのである。

もちろん，物語であればどれでも同じであるというわけではなく，ある学生を「発達障害」という物語を通じて理解するか，それともたとえば「個性」という物語を通じて理解するかによって，その後の交流は大きく異なってくる。「発達障害」という物語に従えば，

人生においてその学生のうえに生じてくるさまざまな問題は，本人の努力や責任に帰せられるものではなく，あくまでも障害特性によるものであり，むしろ周囲の環境が調整され，社会的資源へのアクセスこそが本人に提供されるべきものである。このような物語が採用されることによって，本人がそれまでに担わされてきた不必要な自責感が軽減し，困難が著しく改善することも期待できる。しかし一方では，「発達障害という物語」は，「障害とは生得的なものであり，その根本的本質は一生涯変わることはない」という見解を主張するものでもある。このような物語が本人とその関係者との間に共有されることは，人間とは経験を通じて変化し，成長していく存在であるという，その学生のもうひとつ側面へ関係者が注目することを妨害してしまうかもしれない。その結果，その学生を取り巻く現実は「障害者」としての現実として構築されてしまい，その学生は自分の個性を発達させていく機会をむしろ失ってしまうかもしれない。

　なぜ，物語(ナラティブ)がそれほど強い力をもつかというと，それは物語が「経験を意味づける作用」をもっているからである。物語の定義に一定のものはないが，ごく一般的に定義すれば，「あるできごとの経験についての複数の言語記述がなんらかの意味のある連関によってつなぎ合わされたもの」あるいは「言葉をつなぎ合わせることによって経験を意味づける行為」となる（斎藤・岸本，2003）。そして同じ経験に対して，物語の紡ぎ方は複数あるので，極端ないい方をするならば，現実についての語り方が複数あるというだけではなく，現実そのものも複数ありえるということになる。たとえばある学生（B君）が以下のように語ったとする。

先週，授業の仲間での飲み会がありました。お酒を飲まないこともあり，それほど話題に入れたわけではないが楽しかったです。「おまえは普段何をしているんだ？」と他学部生から聞かれて「図書館へ行っている」と答えたら，「ノーベル賞とるようにがんばれ」と言われ，ちょっと嬉しく感じました。応援してもらっているような気がして，少しがんばってみようかなという気持ちになれました。

　もし，B君がアスペルガー症候群の学生だという情報を事前に与えられていたら，このエピソードに対して私たちは，「B君は物事を文字通りにしか理解できず，その場の雰囲気や相手の表情から他者の意図を読み取ることができない。コミュニケーションと想像力の障害がある」という言説についうなずいてしまうのではないだろうか？　しかし考えてみると，それが本当であるかどうかはわからない。B君は単に素直で向上心の強い学生で，将来ノーベル賞とまではいかないまでも，なんらかの優秀な業績をその専門分野において挙げるような青年なのかもしれない。
　さらに，B君に「ノーベル賞とるようにがんばれ」と告げた友人の真意はなんだったのだろうか。B君をからかったのか，それとも真剣にそう思ったのか，あるいはそのようなことはありえないということを十分に認識しつつ，B君を励ますために配慮した表現をしたのか？　このように，ただひとつのエピソードからも，私たちは即座に複数の物語を創り出しうる。さらにB君の語る次のようなエピソードと併せて考えてみると，私たちの物語はさらに変化するかもしれない。

僕は小学校のころ，気がついていませんでしたが，まわりは僕をいじめていたらしいのです。最近になって，そのころの友人から，そう言われて，いったい自分のコミュニケーションはなんなのだろうと，不安になりました。

　B君の語りから，私たちも「そもそもいったいコミュニケーションとは何なのだろうか？」と考えざるをえないのではないだろうか。B君にコミュニケーション障害があったかどうかも確かではないが，もしそれがあったとしても，通常二次障害を引き起こす重大な要因になるといわれている「いじめ」そのものをB君は認識してこなかった。これはB君にとって幸運なことなのか？　不幸なことなのか？
　B君にとって，この世の中で起こっていることすべてが不確定に感じられるとしたら，われわれにとってもそれは同じではないだろうか？
　このようなちょっとした例からもいえることであるが，一般に発達障害学生への心理教育として主張されている，「彼らを"正しく理解"し，彼らの心意を通訳する専門家の必要性」(中島，2003；中島，2005)といった言説における"正しい理解"とは何であるのかについて，私たちは確信をもって語ることを躊躇せざるをえないのではないだろうか。
　ナラティブ・アプローチは，このような局面において，"正しい理解"を当事者と支援者に求めるのではなく，むしろ「多様な複数の物語」を語り合う中から，「その状況におけるもっとも役に立つ物語を共同構成すること」を提案する。以下のような対話がその一例だと思われる。

B君：前回，先生の話がまだ終わっていないような気がしたのですが？　もっと広い考え方をもて，というような話でしたよね。先生は，僕が偏った考え方をしている人間だと思いますか？
　筆者：僕の感じだけれど，君は，物事をきちんと分節しないと気がすまない人間。しかし，分節する仕方はひとつではない。複数の分節の仕方を知っていることが，柔軟であるということ。君は，分節の仕方を増やそうとするちょうど境目にいるような気がします。
　B君：今，やりたいことは，有機化学がおもしろいです。合成はパズルを解くみたいで興味があり，もっと勉強したいと思う。できれば，大学院へ進んで，知識で食べていければいいなあと思っています。自分にとって，「まじめ」と言われるのは最高の誉め言葉。自分にとって，意欲を出させてくれるのは，目的をもって勉強することだと思います。

　ナラティブ・アプローチは，B君の"正しい診断"がなんであるかということを重視しない。B君についての診断物語は複数ありうることを認める。そして，特定の診断物語にB君をあてはめて理解するのではなく，B君の語りを丸ごと尊重し，B君を物語を語る主体として尊重しようとする。しかし，単にB君の語りを受容し傾聴するだけではなく，支援者も支援者なりの物語を構築していることを自覚している。学生への支援とは，学生と支援者の両者の語りをすり合わせるなかから，新しい物語を共同構成していくことであると考える。発達障害という物語の代わりとなる，「高機能発達不均等：HFDI」という新しい物語を提唱することは，このような対話の中から，より有用な新しい物語を構築していこうという試みのひとつである。
　もちろん対話の中で共有できる物語が構成されただけで支援が終

わるわけではない。このような対話を手段として用いながら，支援のニーズを明らかにし，具体的な支援の方策を策定し，支援を実践しつつ振り返るといった作業が継続的に行われることになる。このような支援のプロセス全体を通じて，語り聴く，書く読むというナラティブの交換の中から新しいナラティブを紡ぎ出していくという作業が継続される。そのプロセスがどこに行きつくかを，あらかじめ予測することはできない。支援者は学生とともに，物語を紡ぎ続け，ともに歩む者の役割を担うのである。

V おわりに

　大学生における発達障害支援を，ナラティブ・アプローチの視点から記述すると以下のようになる。ナラティブ・アプローチは発達障害（あるいはHFDI）を，学生の人生と生活世界の中で体験されるひとつの物語として理解し，学生を物語の語り手として尊重するとともに，学生が自身の特性をどのように定義し，それにどう対応していくかについての学生自身の役割を最大限に尊重する。支援者のよって立つ理論や方法論も，あくまでも支援者の一つの物語と考え，唯一の正しい物語は存在しないことを認める。発達障害の支援とは，学生，支援者，教職員，家族などが語る複数の物語を，今ここでの対話においてすり合わせるなかから，新しい物語が浮上するプロセスであると考える。

　筆者らは，大学におけるトータル・コミュニケーション・サポートをひとつのアクションリサーチとして捉え，現場での具体的な問

題点や疑問から出発し，対話と実践を繰り返すなかから，新しい事例や他の施設においても転用可能な知識資産を創造していくことを目標に活動している．ナラティブ・アプローチを基盤とする具体的な知識資産としての「ナラティブ・アセスメント」，「ナラティブ・アプローチに基づく心理教育」，「合理的配慮の探求」については，本書のほかの章において詳しく議論される．

文　献

福田真也 (1996) 大学生の広汎性発達障害の疑いのある2症例．精神科治療学，11 (12) : 1301-1309.

福田真也 (2008) 発達障害の大学生に対する大学と医療の連携：診断と告知を中心に．大学と学生，60 : 6-15.

Greenhalgh, T., Hurwitz, B (1998) Why Study Narrative. In Greenhalgh, T., Hurwitz, B., eds : Narrative Based Medicine, Dialogue and Discourse in Clinical Practice. BMJ Books, London.（斎藤清二，山本和利，岸本寛史監訳 (2001) ナラティブ・ベイスト・メディスン：臨床における物語りと対話．金剛出版．）

岩田淳子 (2003) 高機能広汎性発達障害の大学生による相談について．学生相談研究，23 : 243-252.

松瀬留美子 (2009) アスペルガー障害学生への青年期支援．心理臨床学研究, 27 (4) : 480-490.

中島暢美 (2003) 高機能広汎性発達障害の学生に対する学内支援活動：アスペルガー障害の学生の一事例より．学生相談研究，24 : 129-137.

中島暢美 (2005) 高機能広汎性発達障害の学生に対する学生相談室の支援活動．学生相談研究, 25 : 224-236.

西村優紀美 (2009) 大学保健管理センターにおける広汎性発達障害の大学生への支援．精神科治療学，24 (10) : 1245-1251.

屋宮公子 (2009) 学生相談における発達障害学生への心理教育的アプローチ．学生相談研究, 30 : 23-34.

小見夏生 (2008) 発達障害に関する基礎知識．大学と学生，60 : 30-41.

斎藤清二，岸本寛史 (2003) ナラティブ・ベイスト・メディスンの実践．金剛出版．

斎藤清二 (2008)「オフ」と「オン」の調和による学生支援：発達障害傾向をもっ

た大学生へのトータルコミュニケーション支援．大学と学生，60：16-22．
斎藤清二，西村優紀美，吉永崇史 (2009) 富山大学アクセシビリティ・コミュニ
　　ケーション支援室 (H-A-C-S) の取り組み．大学と学生，75：20-24．
浦野俊美，細澤仁 (2009) 学生相談における高機能広汎性発達障害をもつ青年へ
　　の支援．思春期青年期精神医学，19 (2)：133-143．

第2章

ナラティブ・アセスメント

西村優紀美

I　はじめに

　近年，発達障害大学生への教育的支援の必要性が注目され，多くの大学では，発達障害の基本的な理解のための研修が行われている。しかしながら，個々の臨床像が多様で具体的な人物像がつかみにくいなかで，面談に来る発達障害大学生に対応し，目の前の本人の困りごとに対する支援が個別に行われているのが現状である。発達障害に関するさまざまな研修会では，いわゆる学習障害（LD），注意欠如／多動性障害（ADHD），高機能自閉症スペクトラム障害（HFASD）の典型的な事例の紹介が中心で，実際には一人ひとり異なる状態像をもつ個々の学生に対して，典型例に示されたような対応策がうまく適合しない場合がある。学生相談担当者から見た場合，誰もがすぐにわかるような典型的な事例はそれほど多いわけではなく，何度か面接を行うなかではっきりしてくるケースの方が多いのが現状である。特に，発達障害の中でも，社会性・コミュニケーションの

困難さをもつといわれている HFASD の学生は知的レベルも高く，これまでの生活の中でうまく対処する方法を会得し，とりあえず学校教育の中では変わった子扱いをされながらも，切り抜けてきた力のある人である場合がほとんどである。彼らは困難さにはまじめさでしのぎ，特性は誰にも語れない秘密として内側に秘め，ひたすら自分の個性を隠して社会生活を送ってきたというエピソードを持っている。しかしながら，「普通でありたい。みんなと同じような存在でいたい」という本人の願いとは別に，予想もしないことで周囲の注目を浴びてしまったり，周囲から浮いた言動をしてしまったり，本人の意に反してトラブルに巻き込まれる場合もある。

　また，HFASD の特性は健常者との間に連続性があるとともに，人より優れた部分として認知される場合もあるので，こだわりや社会性・コミュニケーションの特性が障害によるものなのか，性格の極端な偏りなのか，あるいは生育歴上の問題によるものなのかを見極めることは非常に難しい。さらに，小・中学校から高校まで，学校生活に不適応を起こさず，学習面での問題がなかった場合，コミュニケーション上の問題があったとしても支援の対象にはならないことが多い。当事者からいえば，社会的対人関係の場面で戸惑うことや，孤立してしまい，うまくいかないことがあったとしても，それを誰にも言えないまま，本人の努力と辛抱で大学に進学してくることになる。

　学生相談担当者がこのような学生に出会うのは，彼らが大学生活を送るなかでなんらかの，「困難さ」に出会った時である（山崖，2008）。筆者が現職について，初めて出会ったのは摂食障害の女子学生だった。当時は摂食障害の学生として面接を行っていたが，今

から思うと，自閉症スペクトラム障害（ASD）を思わせるエピソードをたくさん語っていたように思う。たとえば，彼女は，次のようなことを常に話し，それができないといって苦しみ，拒食と過食を繰り返していた。

「高校までは勉強以外したことがありませんでした。友人もいないので，学校が終わったらすぐに帰宅し，勉強をしていました。テストは百点でないと嫌でした。テレビやファッション雑誌を見ることもなかったです。大学に入学して，ひとり暮らしは大変でした。食事はすべて自炊で，ひじきの煮物や魚料理など，身体によいものばかり食べていました。食事の時は，30回噛むと身体によいと書いてあったので，いつも数を数えて咀嚼していました。成績は優でないと嫌なのでがんばりました。大学生なんだから勉強もがんばって，サークルにも入り，アルバイトもして，男の子ともつき合って，たまには女の子同士食事に行くという大学生らしい生活をしなければならないと思っています」

と強い信念で語っていた。

1995年ごろのことである。筆者はそれまで，知的障害養護学校に勤務し，おもに重度の知的障害のある自閉症の教育に携わっていたが，知的障害のない高機能自閉症という概念すらなかったころである。彼女の強迫的な思考に，HFASDの特性との連続性があると発想することはまったくできなかった。もちろん，彼女はASDではなかったのかもしれない。しかし，昨今，発達障害が注目されている状況から眺めると，これまで出会った学生の何人かは，ASDの特性をもっていたのではないかと思えてならない。

Ⅱ 「腑に落ちない」臨床像

　筆者が，発達障害であろうと思う複数の学生と出会うようになったのは，2002 年ごろからである。ある男子学生が，対人関係のトラブルを相談に来た。

　「ひとり暮らしを始めて，アルバイトをしました。総菜屋さんです。どうもそこの店長にボクだけが嫌われているような気がするんです。ボクは一生懸命に接客しているのですが，突然，叱られ，レジをしていると背中を突然叩かれて，『もういい！』と追いやられます。他の人には優しいのに，ボクにだけいつも厳しいのはいじめじゃないかと思うんです」という訴えだった。筆者との一対一の面接場面での違和感はなく，木訥（ぼくとつ）としているが疎通性もあり，単に慣れない仕事を始めたからではないかと思っていたが，ある日，「突然，店長から，『明日から来なくていい』と言われました。これって，不当解雇ですよね」と不満げな顔であらわれた。アルバイト先はそこにこだわらなくてもいいのではないかというような感想を言い，彼の気持ちを収めたように思う。数カ月経って，ふたたびこの学生が訪れ，次のような話を始めた。「清掃会社のアルバイトを始めました。そこの人たちはとても優しくて親切に教えてくれます。でも，優しく教えてくれるのに，ボクはうまく仕事をこなせないのです。廊下にワックスをかけるのですが，ワックスをかけたところをふんではいけないことを知らず，そのことを注意されました。はじめからそう教えてくれればよかったのにと思いましたが，結局うまくこなすことができず，今度はワックスを塗ったと

ころを誰も通らないように見張っていなさいと言われたのに、それすらできなかったのです。誰もボクをきつく叱らないのですが、こんな簡単なこともできないのでは社会に出られないと思い、苦しくなってきました」という。その後、うつ的な気分が強くなり、精神科医が治療を行うことになり筆者とは離れることになった。彼は、「勉強はいいんです。がんばっただけのことが返ってくる。でも、日常的に誰でもできるようなことが苦手なんです」と語っていた。

　また、同じころに、「後期になると家から出られないので、単位を落としてしまう。去年もそうだった。インターネットで調べたら、同じような症状が書いてあった。私は冬季うつ病ではないか」と相談に訪れた女子学生がいた。彼女も一対一の面接では、言語表現には時間がかかり言葉はすぐに出てこないものの、会話は成立し、困っていること以外の話をすると非常に饒舌になるのが特徴だった。筆者が気になったのは、毎回、面接の時間に遅れることだった。20〜30分は確実に遅れ、遅れてきてもそれに対する弁明はなく、まったく気にすることなくソファーに座り、話を始めるのだ。また、予約は手帳を見ながら決めているのだが、それにもかかわらず、ほかの用事とバッティングさせてしまい、大慌てで電話連絡をしてくることがある。無断キャンセルもたびたびあり、これはカウンセラーに対する抵抗とも受け取られ、面接の枠について考え直す必要性を感じるほどだった。ところが、遅刻は授業やサークル活動でも同様で、レポート提出や課題に関してもことごとく遅れてしまうことがわかってきた。また、授業とサークルが重なるとうまくこなせなかったり、クラスメートの冗談を本気に受けとめ被害感をもったり、自分の知らないところですべてが決まっているのは自分が仲間はずれにされているのではないかという被害念慮をもってしまうこともあった。アパートは掃除をしないので汚く、ものは捨てられず、実家から母親が1カ月に1回来て、大掃除を

してくれるということだった。この女子学生は3年間,定期面接を続け,筆者も少しずつ彼女の「傾向」がわかり,発達障害支援の視点を必要とする学生であるという見方を採用するにいたった。この学生との出会いによって,大学生にも発達障害に起因する社会性の問題や修学上の問題があるのではないかという見方をもち,相談に訪れる学生へのまなざしの幅を拡げていく必要性を感じたのである。

このような傾向の学生に共通するのは,彼らは大学に入学するまでは,むしろまじめに勉学に励み,失敗することは多くても,そのきまじめさの部分によい評価を受けてこれまでやってきたという点である。高校まではクラスがあり,担任がいてクラスメートがモデルとしてそばにいた。また,時間割があり宿題や提出物を仕上げるよう催促してくれる教師がいて,そのなかで言われたことをまじめに取り組んでいれば成績もよかったのだ。しかし,そうはいってもできないことも多いので,みんなと同じようにできない自分にコンプレックスを抱え,自尊感情が育ちにくい状況があったことは想像に難くない。大学は自由度が高く,自己決定する場面が急に多くなる。また,自分の意思をはっきり伝えたり,意見を求められる機会が多いので,発達障害大学生は,あまりにもこれまでと異なる環境の中で,自分自身の無力さを突きつけられるような気分になってしまうのではないかと想像する。

大学における発達障害大学生の支援において,支援者は学生に対して,前もってそのような特性のある学生と認識して向き合うわけではない。対話を重ね,彼らが語る言葉を受けとめていくなかで,何となく感じる引っかかりがカウンセラーの中に生まれた時に,そ

の見立てが可能性として挙がってくるものである。山崖（2008）は，「語られている内容とクライエントの全体的様子がカウンセラーの胸にピタッと収まらず，何か『不思議なちぐはぐさ』が気になる時が，発達障害と見立てるポイントである」と述べている。この感覚は臨床の場では非常に重要である。学生の語りの中にどこか腑に落ちないと感じる点があり，その場合，「発達障害」の視点をもつと，霧が晴れるように了解可能なエピソードに変容していくことがある。

青年期の発達障害に関する支援は，学齢期の発達障害児支援のような心理アセスメントと生育歴の聞き取りがただちにできる状況ではない場合が多い。その多くは，「何となく引っかかる特性」，あるいは，「不思議なちぐはぐさ」をとりあえずの見立ての出発点として，支援を開始していく。そして，支援を行うなかで，見立てる材料が増えていき，それを基に再度アセスメントを行うという循環が生まれる。このような関わりのサイクルの中で，支援の方向性がより明確に発達障害に対する支援へ方向づけられていく。

富山大学では，学生支援センターアクセシビリティ・コミュニケーション支援室トータルコミュニケーション支援部門（TCSI）において，発達障害大学生の支援を行っている。本章では，発達障害大学生に対する見立てと支援の在り方，支援の評価など，支援全体を学生のニーズにあったものにしていくためのプロセスを「ナラティブ・アセスメント」と名づけ，その有効性を検証していく。

Ⅲ　アセスメントに関する諸問題

　アセスメントとは,「個人の状態像を理解し,必要な支援を考えたり,将来を予測したり,支援の成果を調べたりすることである」と定義づけられている（上野・牟田・宮本ほか,2007）。また,「支援のためのアセスメントは,どのような支援が必要か,子どもの特性に応じた支援の方法はどのようなものか,支援に利用できる,子ども自身がもつ資源,子どもの周囲にある資源は何か,についての情報を得るために行う」（佐藤,2007）というアセスメントの一般的な概念が明記されている。

　このように,アセスメントとは,単に診断することとは異なった概念である。一般に診断とは,病気や障害の分類体系のカテゴリーに,その当事者（大学生への支援においては学生）の状態が合致するかどうかを判断する過程と定義できる。発達障害の診断とは,その学生の状態像が,そもそも発達障害というカテゴリーに合致するかどうか,そして合致するとすればどのサブカテゴリー（ASD や ADHD など）に合致するかを判断することである。通常発達障害の医学的診断は,DSM-Ⅳ-TR や ICD-10 などの病態分類に従い,医学専門家（多くの場合,児童精神科医や小児科医）によって判断される。大学生のみならず,現在の発達障害支援における最大の問題点のひとつは,適切に発達障害の診断を行える専門家の数が不足しており,簡単にはアクセスできないという点にあるともいわれている（福田,2008）。したがって,発達障害の医学的な診断をアセスメントの中心におけ

ば，多くの場合，それには時間がかかることになる。もちろんこのことは，医学的診断に意味がないとか，それを無視してよいということではなく，診断がなされている場合はその情報をアセスメント過程の重要な情報のひとつとして利用していけばよいわけである。だからといって，医学的診断がなければアセスメントの過程がまったく進まないというわけではない。

　上述したように，アセスメントとは，診断のみならず，当事者の状態を把握し，支援の方法を選択し，どのような配慮を行うかを決定し，支援そのものがうまくいっているかどうかを評価し，予後を予測するといった一連の作業をさす。しかし，アセスメントとは本来的に「判断・評価する」という行為であるから，そこには単に当事者を受け入れ支援するという実践にとどまらない，なんらかの特定の作業が必要となる。小・中学校における発達障害児のアセスメントにおいては，その中心的作業は知能検査や心理検査を含む心理アセスメントであるとされている。しかし大学生の支援現場における経験から，筆者らは現在までに小・中学校において行われてきたアセスメントをそのまま大学生に適用しようとすると，以下のようないくつかの問題が生ずると考えている。

- 小・中学生の場合，学校生活の中で学習上の問題や社会性の問題がある場合，保護者から生育歴や家族の状況を聞き取り，心理アセスメントの必要性の了解を得たうえで，心理アセスメントを実施する。しかしながら，大学生の場合はそのような経緯をとることができるケースは非常に少なく，かえってつながった支援の糸が切れてしまう可能性もある。

- 支援が必要な学生は，今まさに困っている状況であり，すぐにでも問題を解決したいと願っている。支援の前提として心理アセスメントに時間を費やしていると，実質的な支援のタイミングを逃がしてしまう恐れがある。また学生に発達障害があるかどうかのアセスメントや診断のための専門機関受診を勧めても，少なくとも初期の段階では，学生にとっては自分の困っている状況の解決につながるとは思えないであろう。
- 支援者が一方的に学生をアセスメントすると，支援される側のニーズとのずれが生じ，支援方針についての本人の了解を得ることが難しくなってしまったり，支援の継続が難しくなってしまう場合がある。支援は，学生が納得するような方向性を見つけるための対話と説明を行いつつ実施されることが望ましい。そうすることによって，学生自身の困難さに対処する意識が生まれ，支援がうまくいく可能性が高くなる。本人が困っていることと，われわれが支援したいところがずれていると，学生にとって，「支援室は役に立たないところ」ということになってしまう可能性がある。

Ⅳ　ナラティブ・アセスメント

　前項で述べたように，発達障害支援における現行のアセスメントの問題点は多く，そのまま大学生の支援にあてはめることは適切ではないとわれわれは考えている。それならば，大学生の支援にふさわしいアセスメント方法，また，発達障害大学生支援に有効なアセ

スメント方法があるのではないだろうか。大学生への発達障害支援の実践を重ねるなかから，われわれが見出しつつある方法論のひとつとして「ナラティブ・アセスメント」を以下に紹介したい。

「ナラティブ」とは，日本語では「物語」，「語り」，「物語り」などと訳されているが，一般的に定義すれば「あるできごとについての言語記述（ことば）をなんらかの意味のある連関によってつなぎ合わせたもの，あるいはことばをつなぎ合わせることによって経験を意味づける行為」である（斎藤・岸本，2003）。ケアの実践におけるナラティブ・アプローチとは，ナラティブという視点から実践を理解し，ナラティブというスタンス（構え）に基づいて実践を行い，さらに実践の中でナラティブをツール（道具）として最大限に有効に用いるようなアプローチを指す。大学生における発達障害支援をナラティブ・アプローチの視点から記述すると，以下のようになる。

ナラティブ・アプローチは，発達障害を学生の人生と生活世界の中で体験されるひとつの物語として理解し，学生を物語の語り手として尊重するとともに，学生が自身の特性をどのように定義し，それにどう対応していくかについての学生自身の役割を最大限に尊重する。支援者の拠って立つ理論や方法論も，あくまでも支援者のひとつの物語と考え，唯一の正しい物語は存在しないことを認める。発達障害の支援とは，学生，支援者，教職員，家族などが語る複数の物語を，今ここでの対話において摺り合わせるなかから，新しい物語が浮上するプロセスであると考える（斎藤，2010）。

上記のようなナラティブ・アプローチの考え方を，大学における

発達障害支援のアセスメントに生かすために，まず以下のような理論構築が重要である。従来の考え方では，発達障害の学生を特徴づける「特性」は，一般的にはその学生個人に属している（実体的な）性質であるとみなされており，それは基本的には生涯変わらないものであるとみなされている。しかし，ナラティブ・アプローチは必ずしもそのような見方を採用しない。発達障害大学生の「特性」とは，主として社会的な交流の中から生成される，一種の物語（ナラティブ）であると考える。特性が物語（ナラティブ）であるということは何を意味するかというと，それは学生が日々の経験について語ったり，自分自身について語ったり，周囲の者との交流の中で相互に交換されたりする語りの中から浮かび上がる，「ある程度の一貫性をもった言語記述＝物語（ナラティブ）」であると考えるのである。

　物語（ナラティブ）の特性として以下の3点が重要である。その第1の特徴は，物語（ナラティブ）は多様な意味をもつということである。物語は経験を意味づける働きをするが，その意味づけの方法は一通りではない。たとえば，「それまで話の輪に入っていなかった私が一言発言したら，周囲の人がみな黙ってしまった」という経験から，ある人は「私の意見が正当なので，みな反論できなかった」という物語を紡ぎ出すが，またある人は「私が空気を読んでいない発言をしたので，みんなを白けてしまった」という物語を紡ぎ出すだろう。

　第2は，物語（ナラティブ）のもつ「経験を意味づける」働きは，時として当人の柔軟性を奪い，拘束してしまう傾向をもつということである。ひとたび「私は空気を読めないので場を白けさせるような人間だ」という自己物語が形成されてしまうと，その学生は毎日経験するちょっとしたできごとを，すべてその線にそって理解してしまうこ

とになりかねない。当人の言動とは必ずしも関係がなくても，誰かがちょっと顔をしかめたり，会話に空白ができたりすると「自分の行動のせいだ」という物語が紡がれてしまう。その結果，彼は社会活動において必要以上の苦しさを抱えてしまうことになるかもしれない。このような働きをする物語を，斎藤は「基盤としてのナラティブ」とよんだ（斎藤・岸本，2003）。

　物語のもつ第3の特徴は，物語は変化していく，ということである。これは第2の特徴とは相反するように見えるが，強迫的に固定化された「基盤としてのナラティブ」であっても，そのことを語る機会が与えられ，十分に聴きとられ，安心できる場における対話が促進されることによって，徐々にではあってもナラティブは変化していく。物語は書き変えうるものであるし，ときには混沌の中からまったく新しい物語が浮かび上がることもある。

　上記のような物語の特性をふまえて，私たちは発達障害大学生の支援の基本的な姿勢を，以下のように整理している。

- 「学生の特性」と「特性に対する学生自身の対処行動」を，学生の人生と生活世界の中で展開する「物語」とみなす。学生を物語の語り手として，また，物語における主体として尊重する。
- 自分自身の特性をどのように定義し，それにどう対応していくかについての学生自身の役割を最大限に尊重する。
- すべての事象を，ひとつの原因に基づくものとは考えず，むしろ，複数の行動や文脈の複雑な相互交流から浮かび上がってくるものとみなし，対話を進める。

前述のような理論的考察をふまえて，私たちはナラティブ・アセスメントを「発達障害大学生支援における連続的な判断プロセス（診断，支援方法の選択，合理的配慮の決定，支援効果の評価，予後予測など）を，物語的対話を通じて行うための方法論」と定義している。以下に発達障害大学生に対するナラティブ・アセスメントの実際について説明する。ナラティブ・アセスメントのプロセスは，以下の3段階に整理できる。

1. 対話の成立

　支援者が学生の語りを物語（ナラティブ）として尊重しながら聴くことで，学生の主観的体験の全体を知ることができる。また，支援者が学生との対話を促進するような聴き方，質問の仕方を工夫することによって，支援者－学生間のやりとりが促進され，2人の共同作業による『新たな物語の構築』が行われる。この場合，支援者の専門性は意識の中心にはおかず，少し脇におき，無知の姿勢で主体としての学生の語りに耳を傾けることによって，対話が促進されていく。このプロセスでは，お互いの言葉を本来的な言葉の機能，つまり，心，気持ち，思い，考えなどをあらわす手段として，また，それを伝達する手段として使用することができるように，できるかぎり学生の言葉を，学生が意図した意味で受けとめるよう耳を傾けていく。また，支援者もその意図がまちがいなく伝わるように言語的働きかけを吟味していく。意味が共有された言葉のやりとりは，二者間の関係性をより深め，安定した支援の基盤の成立をもたらすと考えられる。
　支援者がおちいりやすい態度として，たとえば，学生が支援室を

訪れ、困った状況を話し始めた時、発達障害の専門家はどうしても、「コミュニケーションの障害」とか、「感覚過敏による体調不良」というように発達障害の診断基準に照らし合わせて話を聞きがちである。私たちが支援において大切にしているのは、向き合う姿勢である。もちろん、発達障害に関する専門的知識は、常に携えておく必要はあるが、それをすぐにあてはめるのではなく、まず学生の語りをそのままの言葉で受けとめるという姿勢が重要だと考えている。このような態度は学生の言葉を引き出し、話すことで学生自身、自分に起こったできごとを振り返り、体験をふたたびなぞる機会を得る。つまり、このような関わりの姿勢はアセスメントに必要な情報（学生本人の内的体験）を引き出すための重要なポイントなのである。

2. セルフ・アセスメント

　学生は支援者との対話によって、自分自身に起きたできごとを言語的化して語り、思考レベルで再構成し、その結果、自身に起きた問題を物語的に対象化することができるようになる。学生は自分に何が起こったのかがわからず、そのまっただ中にいて、もがき苦しんでいる状態にある。語りは本人と一体化した苦しみに距離を与えてくれる。学生が支援者に話をすることによって、語っている自分を意識し、「こういうことが自分の中で起きたんだ」と、起こったできごとを自分の耳で聴く体験をする。自分自身とある程度、距離をおいた対象として、できごとを眺めることができていくのである。
　このような体験の言語化が二者間で行われ、自分自身に起きた問題を物語的に対象化できると、そのなかにいる自分自身をもひとり

の登場人物として対象化することができ，客観的な視点をもって自分自身のありがちな傾向や自分の特性に目を向けることができるようになっていく。つまり，自分自身の特性について，ひとつの物語を通して知る機会を得ることになる。支援者が一方的に，「あなたはこういう特性がある」と言っても，学生は納得することができないかもしれないが，「あなたの話を聞いていると，こんな物語が描けそうですね」と言うと納得する場合が多い。このような対話，このような距離感のある物語化が支援を進めていく際には重要なポイントになるのではないかと考える。

　この場合，学生にはもうひとつの変容が起きている。学生は，物語的に対象化されたできごとを振り返ることによって，自分自身の「基盤としてのナラティブ」に気づき自己理解が深まっていく。「基盤としてのナラティブ」とは，一般的にわれわれがこのように考えがちだとか，すぐそういう考えにおちいってしまう，というような思考の癖，考え方の根幹をなすものである。そのように考えるとすれば，発達障害大学生が自分自身のありがちな思考パターンに関して，障害特性というまでもなく，「私はこうなりがちなんだ」，「またこういうふうになってしまった」というようなことがわかり，自分自身の傾向に気づくということができれば，それは「基盤としてのナラティブ」を自覚すること，つまり自己理解につながっていく。自分で自分のありがちな行動パターンを知ること，それに気づくプロセスがセルフ・アセスメントと言われるものである。

3. アセスメントから支援への循環

「基盤としてのナラティブ」を意識化することにより，過去の体験が現在の語りを通して再構成され，距離感をもった知識となって蓄えられていく。このような作業は，その連続線上にある未来を想定した語りをも生み出していく。たとえば，今の苦しみを語るなかで，過去のネガティブな体験が蘇ってくることがある。しかし，「私はグループの中に入れずに，嫌な思いをした」という言葉でいったん外在化された時，自我と一体化されたネガティブな体験が距離感をもってくる。苦しかった体験自体が対象化され，物語的に理解できる体験に敷き直されていく。つまり，非常に苦しかったわけのわからない体験が，苦しかった理由がわかり，何が起きたかがわかる体験に再構成されていくのだ。このようなプロセスはネガティブな自己像をふたたび蘇らせてしまう可能性もあるが，支援者とのいい関係性があり，二者間で意味が共有される言葉の助けにより，自我の混乱は支援者が対処可能な範囲で収まっていくようになる。受け入れがたい過去の外傷体験は，このような安心できる容器（場と人）の中で次第に収束していくものと考えられる。このようなプロセスは未来の自分を考える希望につながる。

このようなナラティブ・アプローチのプロセス全体を通して，学生は対話の相手である支援者を意識し，二者間のコミュニケーションに積極的な関心をもって対話を促進するようになっていく。このような学生と支援者の間で行われる対話そのものが援助的であり，心理教育的アプローチの一部として位置づけられると考える。この

ようなアセスメントと支援,あるいは支援に対するアセスメントというサイクルが,何度も繰り返し行われることによって,本格的な支援が自然に始まっていくと考えている。

V ナラティブ・アセスメントによる事例の紹介

　ナラティブ・アセスメントは,支援における対話の方法論であると同時に,アセスメントの内容を物語的に記述することによって,支援者間の情報交換や支援方針の検討,振り返りなど,チームアプローチを有効に行うための有効なツールとして用いることもできる。本項では,ナラティブ・アセスメントを情報共有のツールとして用いる時の典型的な形式（事例紹介）を提示する。ツールとしてのナラティブ・アセスメントとは,支援者のひとりが語り手,あるいは書き手として聴衆,あるいは読者に語ることを想定して記述される広い意味での物語である。このような目的の記述を,数値と概念によって構成された従来の報告形式で行うよりも,物語の形式で行うほうが,情報・理解の共有がはるかにうまくいくことを私たちは経験している。もちろん,物語とは本来多様な語り方が許容されるものなので,ひとつの理想的な形式があるというわけではない。ここでは,従来の記述に近い形式と,できるかぎり「生の語り」を取り入れる形式との間で,どのような違いがあるかという点に焦点をあてて,例示する。

■例示1：ADD（不注意優勢型），ASD傾向のある女子学生
　　　　（観察や聞き取りによるアセスメント）

【事例C】文系学部2年女子学生
【主訴】冬期うつ病ではないか

　大学2年生女子。自分の思いを言語化することが苦手で，質問されても反応が少なく，表情が乏しい傾向がある。小学校中学年までは多動傾向があり，周囲の雰囲気に合わないことをして注意されることがあった。同性の友人とは話題が合わず，なじめなかったので友人はいなかった。中学校では課題が増え，優先順位を決められないので，課題が遅れがちになることも多かった。部活は運動部に入ったが協調性運動障害があるためなかなか上達せず，手先が不器用なので，ものの始末や運搬などの当番の仕事も処理できないことが多かった。学習は聴覚的な情報が入りにくいため，授業だけでは習得できなかったが，塾に通い個別の指導を受けることによって弱みを補い，いい成績を修めることができた。高校は進学校に進んだおかげで，クラスメートとのコミュニケーションもそれほどとる必要がなく，孤立していても問題はなかった。しかし，授業中に集中し続けることができず，ファンタジーに浸ることが多く，また，パニックになり教室を抜け出してしまうことがあった。

　大学に入学後，ひとり暮らしを始めたが，日常生活のスキルが身についておらず，掃除や洗濯，食事の用意など身の回りのことはまったくできなかった。時間管理，スケジュール管理ができず，授業には必ずといっていいほど遅刻し，レポートや課題は期限に間に合うように提出できないことが多かった。これは実行機能の障害であり，たとえば，レポートを書かなければいけないことはわかっているのだが，パソコンの前に3時間ほどただ座っているだけのこともあり，結果的に

提出が遅れてしまう。また，同時に2つのことに取り組むことができないので，授業とサークルの発表が重なる後期は，追い詰められてしまい，気分が沈む。

以上のようなことを総合的に判断すると，不注意優勢型のADDと，社会性の問題のあるASDの傾向があると考えられる。

■例示2：冬になると気分が沈み，ひきこもってしまう。自分は冬期うつ病ではないか，という悩みをもっている女子学生
（ナラティブ・アセスメント）

【Cさん】文系学部2年女子学生
【主訴】冬期うつ病ではないか

　Cさんは大学2年生です。自分の思っていることを相手にどう説明したらよいか，とても悩みます。ぴったりした表現を探しているうちに，「ぼーっとしているね」とか，「何で返事をしないの！」と叱られてしまうことがあります。小学生のころは，クラスの中心にいて元気な子どもでした。好きなことを言って，好きなことをしていましたが，誰にも叱られませんでしたし，一緒に遊んでくれる男子もいました。女子と一緒に遊ぶことはありませんでした。男子と遊ぶことが多かったからだと思います。中学生の時の部活で，顧問の先生からひどく叱られたことが今でも強く印象に残っています。授業が終わって急いでネットを張りにいったのに，すでに誰かがしてしまっていたのです。さぼっていたわけではありません。

　高校時代は，勉強ばかりしていました。休み時間もあっという間に時間が経ってしまいます。誰かと話す時間なんてありません。進学校だったので，授業の進み方も早く，私は聞くだけでは頭に入っていかないし，板書を写しながら先生の言葉を聞くなんてできません。その

うちに，何も考えたくなくなって，ふと昨日のことを思い出したり，ぼーっとしてしまったりすることがあります。それでもさらに苦しくなると，保健室に駆け込むことがありました。しばらく静かにしていると，楽になっていきました。

　大学に入学したら，家から通うのが大変なので下宿をすることに決めました。自由でいいなぁと思いましたが，すべて自分でしなければいけないので大変でした。朝は6時に起きるのですが，それからお風呂に入り，ふと気づくと2時間経っていることもあります。そのあと髪を洗ってお化粧をすると，8時40分になってしまいました。1限目の授業に間に合いません。あわてて走って教室に行くと，みんなが振り返って私を見ます。先生はため息をついて私を見ます。毎回，遅刻するので，「また君か……」と言われることもあります。

　レポートの課題はすぐに取り組もうと思います。でも，パソコンを前にして，考えているうちに気づくと3時間も経っていることがあります。次の日も，次の日も同じように時間がすぎていきます。結局，提出日をすぎてしまってから，徹夜で仕上げてもっていくことになります。なまけているわけではないのに，どうしても期限を守れないのです。

　11～12月にかけては，忙しい時期です。サークルの定期演奏会があり，その練習が毎日のようにあります。授業とサークルをこなすのは，とても大変です。でも，他の人たちは，これにアルバイトもあるのに，すべてこなしています。アルバイトをしていないからと言われ，会計の仕事も回ってきました。手を抜いているわけではないのに，「まだできていないの！」とか，「早くやってくれないと進まないでしょ」と先輩から注意されることもあります。去年もこの時期は，することがいっぱい重なって，苦しくなってしまいました。しなければいけないことが，頭の中にバラバラに散らばってひしめきあっています。そんな状況の中，ついに身体が動かなくなってしまいました。外に出られなく

なってしまったのです。Cさんは，しなければいけないことが重なると，どれから手をつけてよいのか，判断することができず，頭の中が飽和状態になってしまいます。そうなってしまうと，身体も動かなくなってしまい，それを自分ではどうすることもできません。いつも一生懸命なのに，いつも他の人よりも遅れてしまいます。努力しても足りないのは昔からですが，大学になってからは，いっそうそれがひどくなってきました。みんなと同じようにしているのに，みんなだけが知っていて，Cさんが知らないこともあるといいます。ひょっとして，自分のいないところで，みんなは打ち合わせをしているのかもしれないと疑心暗鬼になってしまいました。特に，11〜12月の寒い時期は，体調も気分も優れません。インターネットで検索したら，「冬期うつ病」という病名を発見しました。症状は今のCさんの症状にぴったりでした。これは，私の努力不足ではなくて，病気のせいかもしれません。病気ならば，治ればみんなと一緒なことができるようになるでしょう。

この2つの記述は，同じ学生の同じ状況を描写したものである。前者は発達障害の視点をもちながらのアセスメントであり，後者はあくまで本人の語りをつないでいくナラティブ・アセスメントの中で見えてくるCさんの内的世界である。一般的に，前者のアセスメントが主流であり，そうなると，その見立ての根拠となる心理テストや発達検査が必要になってくる。しかしながら，先にも述べたように，支援はすぐに開始され，学生本人の困っている状況に対処していかなければならない。まずは，ナラティブ・アセスメントにより，彼女の物語に沿って対話を続け，対処法を一緒に考えていき，うまくいく方法を確認しながら，Cさんなりの対処法を見つけ出していくことが大切なのではないだろうか。もちろん，前者のアセス

メントが必要ないといっているわけではない。筆者の場合，この2つのストーリーが前後して浮かび，つなげつつ，ナラティブ・アセスメントを行っているというのが実感である。

VI おわりに

　支援に大切なことは，学生が困っている状況を本人の視点で描き出すこと，彼らが自分自身に起きていることを理解するための手助けをすること，そして，学生が問題解決のための方策は必ずあると信じて自ら取り組み始めるための手伝いをすることである。ナラティブ・アセスメントはそのための有効なアプローチ法である。

　発達障害大学生の支援における「ナラティブ・アセスメント」とは，「発達障害大学生支援のプロセスにおける連続的な判断プロセス（診断，支援方法の選択，合理的配慮の決定，支援効果の評価，予後予測など）を，物語的対話を通じて行うための方法論である」と定義することができる。このプロセスを支援者と当事者が共有することによって，学生自身の自己理解と成長が促進されると思われる。

文　献

福田真也 (2008) 発達障害の大学生に対する大学と医療の連携：診断と告知を中心に．大学と学生，60：6-15．

斎藤清二，岸本寛史 (2003) ナラティブ・ベイスト・メディスンの実践．金剛出版．

斎藤清二 (2010) 高機能発達不均等大学生への支援：ナラティブ・アプローチの観点から．学園の臨床研究，9：1-12．

佐藤克敏 (2007) アセスメント・障害のある子どもの教育について学ぶ：知的障害教育．独立行政法人国立特別支援教育総合研究所教育コンテンツ．

上野一彦,牟田悦子,宮本信也,熊谷恵子編 (2007) (S. E. N. S) 養成セミナー 特別支援教育の理論と実践 Ⅰ概論・アセスメント.金剛出版.
山崖俊子 (2008) 学生相談における軽度発達障害の見立てに関する考察:20 年後にアスペルガー障害と診断された事例の調査面接を通じて.学生相談研究, 29 (1) : 1-12.

第3章
システム構築と運営のための
ナレッジ・マネジメント

吉永崇史・斎藤清二

I はじめに

　平成17 (2005) 年4月1日に『発達障害者支援法』が施行されて以来，大学においても発達障害のある学生の支援についての関心が急速に高まっている。同年7月には，旧・国立特殊教育総合研究所（現・国立特別支援教育総合研究所）によって『発達障害のある学生支援ガイドブック――確かな学びと充実した生活をめざして』が出版された（国立特殊教育総合研究所編，2005）。その4年後の2009年10月には，日本学生支援機構から発達障害のある学生支援の方法が包括的に記載された『教職員のための障害学生修学支援ガイド』が出版された（日本学生支援機構，2009）。関連学会などにおける学生相談担当教職員の議論の場においても，当該学生への支援についての議論が盛んとなり，発達障害のある学生への支援についての基本的な考え方を整備する努力がなされている。

　それにも関わらず，大学というひとつの組織において，発達障害

のある学生を支援するシステムを全学的にどう構築すべきかについては，現在のところ多くの大学で試行錯誤を重ねている段階であり，一定の結論は得られていないように見える。大学において有効に機能しうる発達障害大学生支援システムは，どのような条件を満たしていなければならないかという問題についてのコンセンサスは未だに確立していないと考えられるが，重要な課題として以下の2つのポイントを指摘しておく。

　第1のポイントは，「発達障害に起因すると思われる困難さを抱えている学生（以下，発達障害大学生と略称）を，効率よく把握し，必要な支援に結びつけるにはどうすればよいのか？」という問題である。特に，「周囲から見て支援ニーズがあると判断される学生が，自らは支援を求めない場合，どのように支援を開始すればよいのか？」という疑問は現場からの声として重要である。

　第2のポイントは，「発達障害大学生への学内での支援リソースをどのように確保し，増強させればよいのか？」という問題である。一般に発達障害者への支援は多くの人的資源や労力を必要とするが，現状の学生支援体制で十分に対応できる大学は決して多くない。

　富山大学では文部科学省の平成19（2007）年度学生支援GPの補助を受け，平成19年度から発達障害学生支援システムの構築に着手し，実践を重ねている（斎藤，2008）。平成22（2010）年現在，把握されている40名強の発達障害大学生を対象として，5名の専門支援スタッフ（専任3名，併任2名）が中心となり，複数の学内組織・学外機関と連携しながら支援を実施している。富山大学は，設計段階から発達障害大学生支援に最適化されたシステムを構築するという戦略的な意図に基づいてその実現を目指してきた。同時にこのシ

ステムは従来の学生相談システムや，障害学生支援システムの延長線上にあるものではなく，いくつかの新たな発想に基づいて構築されたものでもある。

　上記に述べたように，大学における発達障害学生支援システムの抱える現状での大きな問題点は，①支援対象集団（発達障害大学生）の把握とアクセス確保のための理論・方法論が未整備であること，②支援実践のためのリソース確保の方法論と手段が未整備であること，の2点に要約される。この2つの"あいまいな"部分を抱えつつ，現実の支援システムを構築・運営していくためには，「科学的妥当性をもつ十分に確立した計画を，正確に現場に応用していく」という従来の応用科学モデルは役にたたない。また，「計画（Plan）－実行（Do）－評価（Check）－改善（Act）」という明確に分画されたステップを一つひとつ実行し，継続的に組織改善のプロセスを駆動していくという，いわゆるPDCAモデルも不十分である。なぜならば，大学における発達障害学生支援は，上記のような根本的に"あいまいな"部分を内包しているので，十分な計画を立ててから実行に移すとか，実行が軌道に乗ってから正確な評価を行うとか，評価が終わってから改善にかかる，ということは現実的ではないからである。

　私たちは，このような問題を解消しつつ漸進的に有効なシステムを構築・運営するために，「ナレッジ・マネジメント」と「ナラティブ・アプローチ」という2つの実践科学モデルを導入した。本章では，富山大学における発達障害学生支援システムがこれらのアプローチに基づいてどのように構築され，実際に運営されているかについての概説を試みる。なお，ナラティブ・アプローチについては，本書のほかの章において何度かその基本的な考え方について解説されて

いるので，本章ではナレッジ・マネジメントを中心に論じ，ナラティブ・アプローチがそれをどう補っているかについての考察を加える形で論を進める。

II　ナレッジ・マネジメントとは

　富山大学では，支援を行う発達障害学生一人ひとりに個別的かつ丁寧な支援を展開している。支援を受ける学生は，数十人とけっして少数ではなく，一人ひとりにかかる支援は，その障害特性により濃密なものとなり，かつ長期間に及ぶ。しかも限られた人員で，同時並行で進行する複数のサポートを効果的かつ効率的に行わなければならない。さらに，発達障害大学生支援は歴史が浅く，まだ方法論が確立しているとはいえないため，ガイドラインに添った定型業務に落とし込むことができない。富山大学では，このような状況認識のもと，発達障害学生支援の現場にマネジメント（＝経営）という概念の導入を試みた。

　経営とは，描き出された構想を実現するために必要不可欠なリソース（人，モノ，カネ，情報）を獲得しつつ，それらを有効に活用するための一連の働きかけのことを意味する。加護野（2010）は，経営について，「構想を練ってそれを実現するために人を動かすこと。わかりやすく言うと，夢を形にすること。良いことを上手に成し遂げること」（p.42）と表現している。経営では，定まった方法がない新たな取り組みにおいて，どのように異なる立場にいる人と協働していくのか（組織化），目的達成のための道筋をどう描くか（戦

略策定），刻々と変化する複雑な状況下でどのように適切な判断をしていくか（意思決定），が重要な課題となる。組織化，戦略策定，意思決定の3つの視点をもつことは，発達障害大学生支援においても必要不可欠である。

　経営に関する体系的な学問として発展してきた経営学には多くの理論があるが，そのなかでも，富山大学における発達障害学生支援においては，ナレッジ・マネジメント（知識経営）理論に着目し，それに基づく実践を志向している。ナレッジ・マネジメントとは，「経営のあり方を知識の創造と活用という視点から構築すること」（野中・遠山，2006，p.1）である。別の言葉で表現するならば，事業の目的を達成したり，課題を解決したりするために必要な知識を創造し，生み出された知識を資産として活用するプロセスと，既存の知識資産を活用しながら新しい知識創造を行うプロセスとをダイナミックに連動させる（紺野，2002）ための経営手法である。発達障害大学生支援にあてはめるならば，支援のあるべき姿を追求するための行動指針を大学全体で共有しながら，異なる知識や実践能力をもつ支援者間の対話と実践を促進し，支援で得られたノウハウ（暗黙知）を言語（形式知）化して共有し，次の支援に活かしていく連続的な営みということになるだろう。それは，支援を通じて大学と大学を取り巻く環境の両方をよりよい方向に変化させていくための，不断のアクション・リサーチ（実践研究）であるということができる。

　ナレッジ・マネジメント理論の中核概念は，知識（knowledge）である。当理論では，知識を，アリストテレスの唱えた知識の性質である「真・善・美」になぞらえて，「個人の信念（美）を真実（真）に向かって正当化（善）するダイナミックで人間的／社会的なプロ

セス」と定義している（Nonaka and Takeuchi, 1995；野中・遠山, 2006）。知識とは，論理のみならず信念や身体化されたスキルを包含したもの（全人性）であり，時間・場所・人との動的な関係性の中で立ちあらわれる（文脈依存性）ものであり，多視点から真理に接近するプロセス（多視点性）であり，仮説を立て理論を反復しつつ真理に接近するプロセス（可謬性）である（野中・遠山, 2006）。

　これらの特性をふまえ，ナレッジ・マネジメント理論においては，知識には暗黙知と形式知の二重性があるとされる（3－図1）。暗黙知は，ポラニー（Polanyi, 1966）によって，「我々は語ることができるより多くのことを知ることができる」（訳p.15）と表現されている通り，言語・文章で表現することが難しい主観的で身体的な知であり，特定の文脈ごとに経験の反復によって具体化される思考スキルや行動スキルも含まれる。一方で形式知は，言語・文章で表現できる客観的で理性的な知であり，特定の文脈に依存しない一般的な概念や論理（理論，問題解決手法，マニュアル，データベース）が該当する（野中・遠山, 2006）。ナレッジ・マネジメント理論では，それらの相互変換作用のプロセスを新たな知識が創造される源泉として捉えている。知識創造とは，個人のもつ主観的な暗黙知を表出化し客観的な形式知にして共有することにより異なる視点を綜合し，創造された新しい知をもう一度自分の中に主観的な知として体化することにより，さらに個人の暗黙知を豊かなものにしていくプロセスのことを意味する（Nonaka and Takeuchi, 1995；野中・遠山, 2006）。

　ここで，3－図1のような暗黙知と形式知の関係を補完する視点を提供するものとしてのナラティブ・アプローチについて若干の考察を追加してみたい。ケアの実践におけるナラティブ・アプローチ

暗黙知	形式知
言語・文章で表現するのが難しい主観的・身体的な知	言語・文章で表現できる客観的・理性的な知
特定の文脈ごとに経験の反復によって体化される思考スキル(思い,メンタル・モデル)や行動スキル(熟練・ノウハウ)	特定の文脈に依存しない一般的な概念や論理(理論,問題解決手法,マニュアル,データベース)

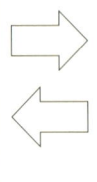

3－図1　暗黙知と形式知の関係
〔野中・遠山,2006,p.8,より引用〕

とは,ナラティブという視点から実践を理解し,ナラティブというスタンス(構え)に基づいて実践を行い,さらに実践の中でナラティブをツール(道具)として最大限に有効に用いるようなアプローチを指す(第1章参照)。「ナラティブ」とは,日本語では「物語」,「語り」,「物語り」などと訳されているが,一般的に定義すれば「ある出来事についての言語記述(ことば)を何らかの意味のある連関によってつなぎ合わせたもの,あるいは言葉をつなぎ合わせることによって経験を意味づける行為」である(斎藤・岸本,2003)。

　暗黙知は一般に言語・文章で表現することが難しい知であると定義されるが,これはまったく言葉で表現することができないということを意味しているわけではない。なんらかの状況における技術のコツのようなものは,ある程度言語化して他者に伝えることが可能であるし,日常そのような試みはいつも行われている。ところがこのような「コツの伝達」は,形式知の特徴である,「客観的・理性的な知」ではありえないので,形式知を理論やマニュアルなどの再現性のある合理的な文章のみに限定するならば,たしかに形式知と暗黙知は分断され対立するものになってしまう。しかし,野球のコー

チが選手に,「そんな時は思い切ってバーっとやればいいんだ。おれが現役の時は……」などと語る時,そこでは何がしかの実践的な知識が伝達されている。このような知識の伝達は,そのコーチと選手の関係や,それがどのような状況で語られたかに大きく依存しており,いつでもどこでも誰にでも同じ知識が伝達されるわけではない。このような時に,伝達のツールとしてもっとも有効に作用する言語形式が物語り＝ナラティブなのである。したがって,ナラティブを最大限に有効活用するようなアプローチは,ナレッジ・マネジメント理論における形式知と暗黙知の両者をつなぐメディアあるいはツールとして有効であり,以下に述べられる知識創造の動的プロセスに利用できる実践的ツールとして有効に作用するだろう。

　知識創造のプロセスをモデル化したものが,SECIモデル（3-図2）といわれるものである。このプロセスは,以下の4つの知識変換モード,「共同化（Socialization）」,「表出化（Externalization），「連結化（Combination）」,「内面化（Internalization）」が順にあらわれることを想定しており,この4つのモードの頭文字を取って命名されている。最初にあらわれる共同化モードでは,個人の暗黙知が集団の暗黙知へと転換され,身体・五感を駆使し,直接経験を通じた暗黙知の獲得,共有,創出が行われる。次にあらわれる表出化モードでは,集団の暗黙知から個別の形式知への転換によって,対話や省察による暗黙知の明示化や概念化が行われる。3番目にあらわれる連結化モードでは,個別の形式知から体系的な形式知への転換によって,形式知の組み合わせによる新たなアプローチでの情報活用と,知識の体系化が行われる。最後にあらわれる内面化モードでは,体系的な形式知から個人の暗黙知への転換により,形式知を行為・実践を通じ

```
                    →暗黙知                              暗黙知─┐
       ┌──────────────────────┬──────────────────────┐
       │ Ⅰ 共同化（Socialization）  │ Ⅱ 表出化（Externalization）│
    暗 │ 身体・五感を駆使，直接経験を通じ │ 対話や省察による暗黙知の明示化・│ 形
    黙 │ た暗黙知の獲得，共有，創出   │ 概念化           │ 式
    知 │                │                │ 知
       │ 1. 組織内外の活動による現実直感 │ 4. 比喩や類似，仮説的推論，物語を│
       │ 2. 感情移入・気づき・予知の獲得 │  用いた暗黙知の明示化    │
       │ 3. 暗黙知の伝授，移転     │ 5. 暗黙知を概念や原型に変換  │
       ├──────────────────────┼──────────────────────┤
       │ Ⅳ 内面化（Internalization）│ Ⅲ 連結化（Combination）  │
       │ 形式知を行為・実践を通じて具現化， │ 形式知の組み合わせによる情報活用 │
    暗 │ 新たな暗黙知として理解し学習  │ と知識の体系化        │ 形
    黙 │                │                │ 式
    知 │ 9. 省察的実践（Schön, 1983）を通 │ 6. 形式知の収集と統合化    │ 知
       │  じた形式知の体化      │ 7. 概念間の関係生成とモデル化 │
       │ 10. 目標－成果の持続的追求   │ 8. 形式知の編集，操作化，システム│
       │                │  化             │
       └──────────────────────┴──────────────────────┘
                    →形式知                              形式知←┘
```

3－図2　知識創造プロセス（SECI）モデル
〔Nonaka and Takeuchi, 1995；野中・遠山，2006；Nonaka, Toyama and Hirata, 2008, より引用・改変〕

て具現化し，新たな暗黙知として理解し学習が行われる。野中ら は（Nonaka and Takeuchi, 1995），上記4つの知識変換モードが連続的に立ちあらわれ，スパイラル・アップ（らせん的に上昇）していくことで，連続的なイノベーション（革新）が引き起こされることを強調している。

　ここでSECIモデルのプロセスに，再度ナラティブ・アプローチの視点を補完的に導入する。SECIモデルにおいて，暗黙知と形式知がダイナミックに相互転換されるのは，表出化のプロセス（暗黙知→形式知）と，内面化（形式知→暗黙知）においてである。この両者のプロセスにおいて，ナラティブが重要な役割を果たすことは，すでに指摘されている。表出化はまさに，それまで言語化されていな

かった暗黙知の大海から「イメージと言葉」が浮かび上がるプロセスである。浮かび上がった言葉は，論理的な命題として語られることもあれば，メタファーやシンボルに満ちた物語的なプロットに乗せられて語られることもある。いずれにせよ，これらは広義の物語生成である。したがって必要最小限の安全性が確保された対話空間の中で，物語が浮かび上がり，共有され，拡大していくことは，表出化のもっとも典型的なプロセスであるといえるだろう。

　一方で，内面化のプロセスは，「ことばが具体的な行為として身体化されるプロセス」であり，それを現実場面で促進するためには，もっとも工夫が必要とされるステップであると思われる。ここでも，理屈や命令では動かない人々（頑固な職人を連想してみるとよい）が，良質な物語の伝達や共有によって具体的な行為へ参入していくというプロセスが，ナラティブ・アプローチでは重要なものとして強調されている。シャロン（Charon, 2006）は，医療におけるナラティブ・アプローチの3つの重要な段階を，配慮，表現，参入として表現しているが，この参入（アフィリエーション）というステップは，まさに物語に動かされて新たな関係の中へと歩み入るという，医療や支援における重要な行動の在り方を描写している。物語は単に情報を伝達するツールであるだけではなく，ともに生きる体験を提供し，人々の未来の主体的な行動を誘発するのである。

　野中ら（Nonaka and Toyama, 2005）は，上記の知識創造プロセスモデルに経営戦略論の観点を導入して再検討を加え，知識創造動態モデル（3-図3）を提案した。当モデルでは，知識創造活動を促進するために組織が備えるべき要件として，「知識ビジョン（どのような知識を創造するかについてのあるべき姿）」，「駆動目標（具体的な概

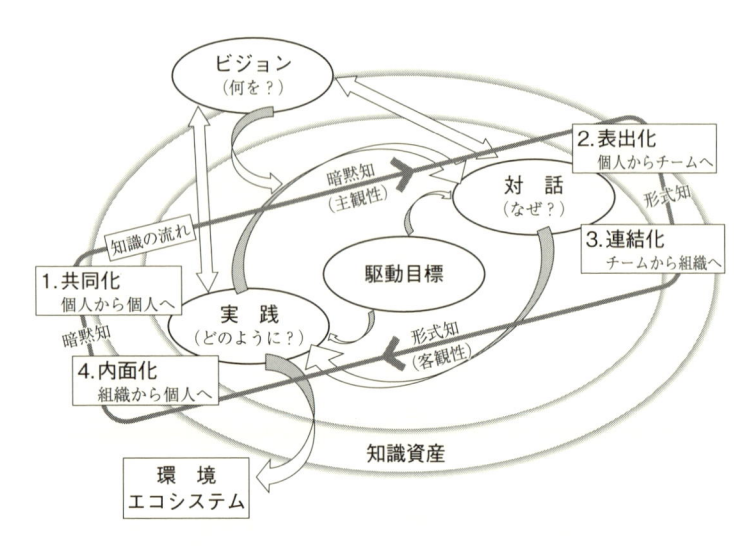

3－図3　知識創造動態モデルと知識創造プロセス（SECI）モデルの関係
〔Nonaka and Toyama, 2005, p.423 を基に筆者改訂〕

念，数値目標，行動規範）」，「場（相互作用を通じて他者と文脈を共有し，その文脈を変化させることにより意味を創出する場所）」，「知識資産（知的資本，ブランド，行動様式，慣習，伝統，信頼関係）」，「（組織を取り巻く）環境（エコシステム）」の5つが想定されている。さらに，当モデルでは，知識創造プロセスを暗黙知（主観性）と形式知（客観性）の往還と捉え直し，思考の弁証法的綜合モードである「対話」（矛盾を解消するための問いかけとその応答の一連の言葉によるやりとり）と活動の弁証法的綜合モードである「実践」（主体的に引き起こされる行動）の相互作用を想定している。「対話」は，SECIモデルにおける表出化モードと連結化モードに対応すると考えられる。一方，「実践」は，SECIモデルにおける共同化モードと内面化モードに対応すると考えられる。

「知識ビジョン」は，経営組織の存在理由に基づき，当該組織と

それを取り巻く環境の双方によってよりよい未来を作り上げていくためのイメージである。知識ビジョンが明確に示されることにより，当該組織メンバーのコミットメントが引き出される。

「駆動目標」は，知識ビジョンと知識創造プロセスを結びつける潤滑油のような役割をもつ。ビジョンが組織の存在理由を問うものであるのに対し，駆動目標はビジョンに即した具体的で感覚的に理解できる方向性を示すものである。

「場」は「共有された動的文脈」（野中・遠山・平田，2010，p.60）であり，そこにおいて，知識が文脈によって意味づけられるとともに，文脈自体が変化することにより新たな知識が創造され活用される場所である。それは物理的な場所だけではなく，「関係の時空間」（野中・遠山，2006，p.25）を意味している。具体的には，「ワーキング・グループ」，「プロジェクト・チーム」，「サークル」，「ミーティング」，「電子掲示板」（野中・遠山，2006，pp.26-27）などであり，情報技術（IT）によって構築される仮想的な空間や，共通体験や想いといった心理的空間にもその範囲は及ぶ（野中・遠山，2006）。

「知識資産」は，組織メンバーによって共有できる知識の集積であり，知識創造プロセスのアウトプットでもありインプットでもある。知識資産が組織外に広く公開される時に，それは社会的な資産となりうる。

「環境」は，組織も取り込まれている知の生態系（エコシステム）としての意味をもつ。知の生態系とは「さまざまな場所に多様な形で存在する知識が，相互に有機的な関係を構成している状態」（野中・遠山，2006，p.34）を意味する。組織は，環境に偏在する組織外部の知識を取り込みつつ，組織内で集積した知識資産を環境に還元して

いくことで，環境そのものを変化させていくことができる。

Ⅲ 富山大学における発達障害学生支援のための活動モデル

　富山大学では，発達障害学生支援システムを構築するにあたり，前述した野中ら（Nonaka and Toyama, 2005）が提案した知識創造動態モデルに依拠し，発達障害学生支援を目的としたナレッジ・マネジメントを推進するための活動モデルを理論的・方法論的基盤として採用している。しかし厳密にいうと，このモデルの採用はシステム構築に"先だって"行われたものではない。実際には，あとで詳述する大雑把なアイデアとしての「トータル・コミュニケーション・サポート」と「オフとオンの調和による学生支援」に基づいて，とりあえず計画が走り出した。2008年度の初期の数カ月は，オンラインシステムと学内支援システムのネットワーク作りのための行動が精力的に行われたが，この時期に具体的な数々の困難に遭遇することになった。本章では困難の具体的内容に言及する余裕はないが，結果的にはこの困難を乗り越えようと苦闘するなかから，知識の再編による新たなモデルが浮かび上がり，そのモデルと前項で詳述した知識創造動態モデルをすり合わせるなかから，富山大学独自のモデルが生成されてきた（3－図4）というのが実態であるといえる。

　富山大学は，国立大学法人として，独立した事業体をなしていると同時に，地域社会に開かれている。したがって，当モデルにおける事業主体は富山大学であり，また，富山大学を取り巻く環境（知の生態系）としては，具体的な地域社会がそれに相当する。そのな

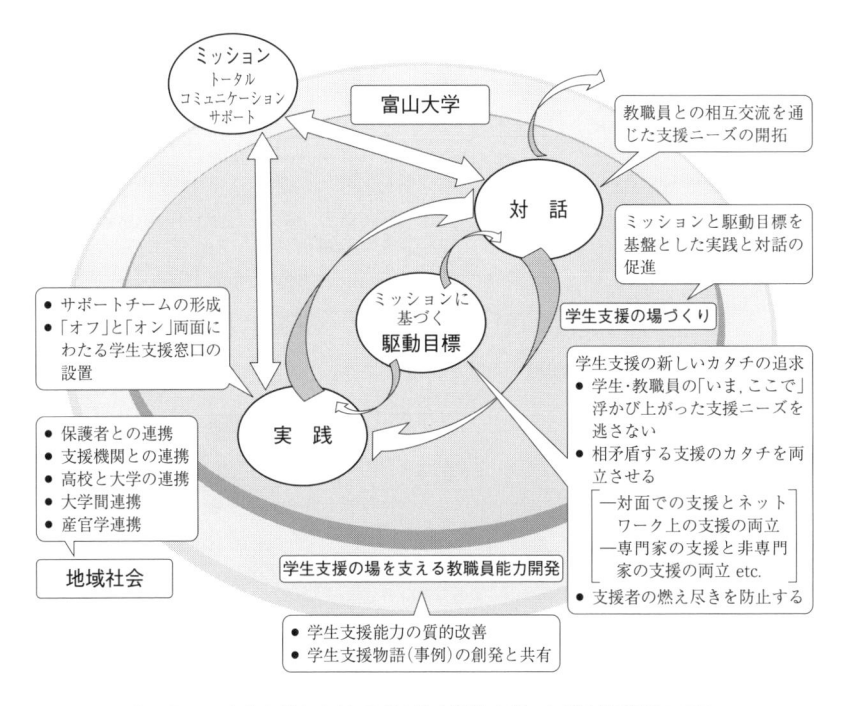

3−図4　富山大学における発達障害学生支援の知識創造動態モデル
（Nonaka and Toyama（2005）の知識創造動態モデルを基に作成）

かで，多くの人がイメージしやすいように，やや難解な概念である知識ビジョンを，学内のみならず，地域社会にとっても容易に了解できかつ共感可能であるミッション（ビジョンを追求するために達成すべき使命）として設定した。そのうえで，発達障害大学生支援を行っていくために，学内外において対話と実践のサイクルを回していくためにどのような場づくりをしていけばよいか，そのための原動力となる駆動目標とは何か，知識資産をどのように創造し，それをどのように活用し，公開するかについて討論を重ねた。

1.「トータル・コミュニケーション・サポート」をミッションとして謳う

　富山大学における発達障害学生支援のミッションは,「トータル・コミュニケーション・サポート」である。このミッションは,発達障害のある学生のみならず,すべての学生の「社会的コミュニケーションの問題や困難さ」に焦点をあてた支援を,学内外の必要な援助リソースを総動員して包括的に行うことを意味している。このミッションは,発達障害大学生が大学や社会の財産として広く認知され,彼らのもつ豊かな才能が社会全体の発展に寄与する将来像（知識ビジョン）に基づいている。

　社会的コミュニケーションとは,個人と社会との相互作用の基盤をなす,対人関係づくりとその過程で発生する具体的な情報,意味,価値,感情などの伝達と共有（言語,非言語問わない）を含むプロセスである。大学生活における社会的コミュニケーションの困難としてしばしば報告される代表例は,以下のようなものである。①友人関係が成立せず,サークル活動やアルバイトからも退却し,生活が孤立してしまう。②ゼミや授業のディスカッションで批判されると気分が落ち込んでしまい,気持ちを立て直すのに時間がかかる。③実習や実験などの周囲との協調が必要とされる場でうまく行動できない。④教員との適度な距離を保つことができず,卒業論文の取り組みなどができない。⑤自分の長所がないように思え,どのような仕事ができるか想像がつかないため,就職活動における面接で黙り込んだり,意欲をうまく伝えたりすることができない。

　このような問題は,一時的には誰もが抱えうることではあるが,

発達障害大学生においては，あらゆる局面において日常的に社会的コミュニケーション上の問題を抱えることになる。社会的コミュニケーションの困難さは，発達障害大学生だけがもつわけではなく，現代の学生の多くが共通の問題を抱えている。上記のことを十分にふまえ，支援対象として発達障害大学生をコアとして想定しつつも，発達障害のあるなしにかかわらずすべての学生に役に立つ，ユニバーサル・デザインを志向した学生支援システムを確立するとの想いが，このミッションには込められている。

トータル・コミュニケーション・サポートは，具体的には，以下の4つの方針によって提供される。

■診断の非重視

発達障害の医学的診断のあるなしに関わらず，すべての社会的コミュニケーションに関わる困りごとを支援の出発点とする。社会的コミュニケーションの問題に起因する人間関係，学習，修学，就職活動上の困難さに向き合い，それらを整理して，解決や解消のための道筋や，実行に移すための方策を立てるとともに，実行そのものを支援する。

■マルチアクセスの確保

社会的コミュニケーションの困難を抱えた学生や学生を支援する教職員や保護者が支援システムに容易にアクセスできるための複数の支援チャンネルを用意する。

■メタ支援

　学生を支援しようとする教職員や家族も支援の対象とする。学生への教育や支援に日夜奮闘している教職員の支援をしながら，同時に教職員の学生支援の実践能力を伸ばしていく。

■シームレス支援

　大学在学中の学生のみならず，大学へ進学を希望する高校生を対象とした支援や，大学卒業後の社会参加のためのキャリア支援を含む縫い目のない支援を視野に入れて活動することで，地域社会との連携を目指す。

　トータル・コミュニケーション・サポートの概念は，冒頭に述べた「支援対象集団（発達障害大学生）の把握とアクセス確保のための理論・方法論が未整備であること」へのわれわれの解答を明示化したものである。前述の通り，発達障害の概念は歴史が浅く，まだ社会において完全な合意が得られている段階とはいいがたい。したがって，発達障害の医学的診断，あるいは発達的診断のある学生だけが支援の対象となるという考え方は現実にそぐわない。発達障害的な特性のある大学生の多くは，学生本人や周囲がそうと気づいてはいないことが多い。一方で，上記に述べた社会的コミュニケーション上の困難さは，学生本人や周囲にとって自覚されやすい。その問題の軽重に関わらず，また，本人・周囲を問わず相談に応じることで，初めてこのような支援ニーズをもったケースを支援システムにつなぐことが可能になる。さらに，この方針は，一般にいわれるところの"障害受容"の有無にかかわらず支援を開始することを可能

にするので，"障害受容"をめぐる非常に複雑で繊細な関わりに多くの時間と労力を費やすことを最小限にしつつ，より多くの学生に支援を提供することが可能になる。

　一方で，われわれは医学的な診断や発達診断的なアセスメントは役にたたないとか，無視して良いという主張をしているわけではまったくない。診断がすでに得られている場合や，診断やアセスメントを受けたいという希望がある場合はそれを最大限に尊重し，得られた情報を支援のために最大限有効に利用していこうとする方針をとる。しかし診断のあるなしが，その学生のすべてを規定するわけではなく，ある意味では診断も広い意味での医療的あるいは教育的なひとつの物語であるにすぎないという視点をわれわれは採用しているのである。

　富山大学では，このミッションの名称を冠したトータルコミュニケーション支援室（正式名称は，アクセシビリティ・コミュニケーション支援室トータルコミュニケーション支援部門）を全学組織である学生支援センターの下部組織として設置し，発達障害学生支援システムの中核として運用している。

2. 駆動目標の設定により発達障害大学生支援へのコミットメントを引き出すとともに支援の継続性を確保する

　富山大学における発達障害学生支援の駆動目標は，「トータル・コミュニケーション・サポート」というミッションに向かって，学内の支援者である教職員が，どうすれば絶え間ない対話と実践に駆られるようになるか，の検討の下に設定された。学生の教育や支援に携わる教職員に対して，これまでにない新たな学生支援の在り方を問いかけ，実践を通して支援の形を作っていく活動へのコミット

メントを引き出すために，以下の3つの目標を設定した。

■**支援機会の損失を最小にする：学生と教職員の「いま，ここで」浮かび上がった支援のニーズを逃がさない**

　どのような支援や相談システムにもいえることであるが，「一番相談を必要とする人は相談に来ない」というような言説が，ときには無力感を紛らわすための皮肉を込めて支援者側から，あるいは支援者の努力に水をさしたり，怠慢への弁解の意図を込めて管理者側から語られたりするのをしばしば耳にする。一般的に説得力をもつように感じられるこの言説は，本当に真実を言い当てているのだろうか？　そうではない可能性はかなり高いと思われる。本当に支援ニーズを感じている人は，どこかでそのサインを誰かに対して発している。しかし，せっかくのこの「つながるためのチャンス」が，いろいろな理由により取り逃がされてしまうことが現実には多いのではないだろうか。たとえば相談窓口が込み合っていたり，担当者が別の用事で留守にしていたり，予約がいっぱいという理由で出直しを要請されたり，担当部署が違うという名目でいわゆる"たらいまわし"にされたりということが頻回に生じているのが現実ではないだろうか。支援を求めたり，相談に訪れたりという行動は，不安を伴い，決断と実行に大きなエネルギーを要する行為であるから，せっかくのチャンスがいかなる理由によっても失われてしまうと，再度それを実行するエネルギーもまた失われてしまうということは容易に想像できる。したがって，「支援ニーズのある人が，思い立って行動を起こした，"今ここ"でのチャンス」を逃がさないように設計された支援システムが望まれるのである。

この目標を達成するために，従来の学生相談において一般的である対面（オフライン）での支援と，Webシステムを活用したオンラインでの支援の複数のチャネルを用意することにした。対面で相談できる物理的なスペース（＝トータルコミュニケーション支援室）を設け，そこに発達障害大学生の特性や支援ニーズを理解している専門の相談スタッフが常駐し，いつでも相談に対応できるようにした。一方，SNS（ソーシャル・ネットワーキング・サービス）の技術を活用したオンラインでの学生支援システムを構築し，富山大学のすべての学生と教職員に対してサービスを提供できるようにした。このWebシステムは，富山大学PSNS（Psycho-Social Networking Service）と名づけられ，インターネット上からであれば，学内外問わずアクセスができる。学生はこのPSNSを通じて，時間や場所を気にすることなく直接トータルコミュニケーション支援室のスタッフに相談や支援の依頼を行うことが可能となった。また発達障害の特性により対面での支援を受けることを苦手とする学生にとっても，オンライン上で，テクストのやりとりによる支援を受けることができるというメリットがある。

　加えて，トータルコミュニケーション支援室への相談経路の整備を行った。発達障害大学生が大学生活で何かしらの問題を抱えた時，心理・体調面での問題として表面化することが多い。これらの相談機関として，医師，看護師，カウンセラーといった専門スタッフが常駐する保健管理センターは学生のみならず教職員においても広く認知されている。また，修学上の問題がある場合は自らの所属する学部の教務窓口や教養教育の窓口を，就職活動上の問題がある場合はキャリアサポートセンターなどの就職支援部署の窓口を，それぞ

れ訪れることになる。そのため，保健管理センター，すべての学部教務および教養教育窓口，キャリアサポートセンターとの間に，支援すべき学生の相互紹介のためのネットワーク作りを行った（これらの部署との連携の詳細については後述する）。

また，トータルコミュニケーション支援室が担う役割について，学生のみならず教職員が簡単に理解できるように，前述したトータル・コミュニケーション・サポートのミッションとその特徴，学生と教職員の双方の視点を併記した典型的な困りごと，困りごとに対応した支援メニュー，支援を開始するための手順，発達障害（自閉症スペクトラム障害（ASD）と注意欠如／多動性障害（ADHD））の特性を明記したパンフレットの作成を行い，全学に配布した。配布対象は，全教職員，新入生および新入生の保護者である。特に新入生には，入学直後に行われる学部ごとのオリエンテーションにおいて，パンフレットの配布直後に支援室スタッフが直接説明を行っている。

■二項対立を超える：相矛盾する複数の支援モードを両立させ，調和させ，相乗効果が生まれるような新たな形を考える

発達障害大学生支援は，個々の特性の理解，当事者の支援ニーズの把握，支援ノウハウに対する深い専門性があって初めて成り立つ支援である。一方で，こうした専門性を備えるスタッフが大学の修学システムと密接に結びついていない場合，現実的で役に立つ支援を行うことはできない。支援の担い手は発達障害の専門スタッフであるべきか，それともむしろ発達障害の非専門家である教育・研究現場の教職員であるべきか，という二律背反的な議論が少なからず行われてきた。しかし，われわれは，発達障害の専門家と非専門家

を相補的な関係として捉えている。発達障害の専門家の支援のみによって成立するのではなく，そうではない一般の教職員の支援があってこそ成り立つとの認識の下で，この両者の連携関係をマネジメントによって成立させることを大きな目標としている。発達障害の専門家のみならず,経営学を専攻している教員（発達障害の非専門家）がトータルコミュニケーション支援室スタッフの一員として加わっていることも，その一つのあらわれである。

　加えて，対面（オフライン）での支援とWeb上（オンライン）での支援モードを有機的に組み合わせることで何が可能になるかを追求している。文脈豊か（ハイコンテクスト）で感情を効果的に伝えられる対面でのコミュニケーションと，物理的な場所や時間の共有を必要とせず，文脈に依存することの少ない（ローコンテクスト）テクストベースのオンライン・コミュニケーションのそれぞれのよさを組み合わせ，支援を効果的に進めていくことができるという実感をわれわれはもっている。

　さらに，支援される学生個人と当該学生が所属する組織（ゼミや研究室など）の双方に資する支援をどのように行っていくのかを模索していくことも重要である。このことは，次章に述べるように，発達障害大学生に対する公正（fair）で合理的（reasonable）な配慮とは何かを個別に探究する姿勢につながる。

■燃え尽きを防止する：効果的・効率的なマネジメントを行うと同時に，支援者同士が自然にお互いに支え合えるような仕組みを作る

　マネジメントの重要な側面に，目的を達成するための効率化がある。マネジメントの必要性は，ことをなすためのエネルギーには限界

があることを認識することから始まる。そのためには,「何を行うか」と同じくらい,「何を行わないか」について検討を重ねる必要がある。富山大学では,学生を対象とした発達障害に関するスクリーニング調査は行っていないが,この理由のひとつは,スクリーニングを行うため,あるいは行うことによって生じる多大な労力と,その効率および有効性のバランスを考慮しているためである。たとえば,新入生を対象にしてなんらかの質問紙票による調査を行い,発達障害傾向のある学生をスクリーニングして呼び出し面接を行い,支援ニーズのある学生を同定して支援を開始するという戦略は,理論的には十分成り立つ。しかし,スクリーニング・テストの正確性が必ずしも高くないこと,その結果,呼び出された学生のうちの支援ニーズのある学生の比率が高くないこと,呼び出し面接のためにスタッフの時間が占有されることにより,同じ時期にニーズをもって相談に訪れた当事者にかける時間とエネルギーが著しく制限されることなどを総合的に考慮し,ミッションとして謳った通り,あくまでも困りごとに対する支援を出発点とする方針を採用している。もちろんこのことは,異なった規模や状況下にある他組織における,スクリーニングの有用性を否定するものではない。

　また,後述する支援担当者が柔軟に入れ替わることのできるチーム支援を原則とし,支援者がひとりで過剰な負担を抱え込むことを防止する。加えて,過剰な支援にならないためにどうすべきかを支援チーム全員で考える場を形成する。過剰ではない支援は,支援される学生や,支援者間の力を期待することによって初めて実現される。そのために相互に信頼できる関係作りが必要になる。信頼関係を構築するためには,コミュニケーション量を増やす努力が重要で

ある。適度なコミュニケーションが継続的に行われていれば，意思疎通に齟齬(そご)が生じることが極力回避され，結果として余計なエネルギーがかかることはない。

　こうして節約したエネルギーを活用して，対話によって個人的かつ暗黙的なノウハウを形式知化し，実践によって形式知を暗黙知化する活動を推進する。それによって支援の在り方が改善され，より支援の効果を高めるとともに，支援できる学生の数を増やすことができる。既知の課題には少ないエネルギーで対応できるとともに，未知の課題への挑戦に多くのエネルギーを割くことが可能になる。こうして支援実績を積み上げることで，発達障害学生支援のための知識資産が蓄積され，その活用によってますます教職員から信頼されるようになる。この信頼関係のスパイラル・アップにより，持続的なサポートが可能となる。

　上記の3つの駆動目標の設定が，発達障害学生支援の第2の課題である「支援実践のためのリソース確保の方法論と手段が未整備であること」という問題の解決につながるとわれわれは考えている。上記の駆動目標の達成追求により，発達障害学生の支援にかかる労力の分散が図られ，支援者一人ひとりの負担感を減らすとともに，支援者の専門性の組み合わせによって適切な支援が行われるように働きかけていくことができる。これらの一連の営みである知識創造プロセスによって集積された知識資産を活かすことで，容易に新たな支援者を獲得することができるようになる。

3. 発達障害大学生支援を支える知識資産の集積により教職員の支援能力を開発する

　　ナレッジ・マネジメント理論によれば，知識資産は最終的には組織の構成員一人ひとりの暗黙知によって体現される。暗黙知を形式知に変換し，形式知を暗黙知に変換するには，一人ひとりの体験と関係づけ，将来像をイメージしやすくするために十分に練られた物語＝ナラティブが有効とされる（Nonaka, Toyama and Hirata, 2008）。具体的には，発達障害大学生支援の実践によって集積された知識資産を基に，まだ支援に関わっていない教職員にも支援のあり方とそのプロセスについて想像できるように，そして，発達障害大学生支援の実践に関わった教職員が自身の体験を振り返ることができるように，物語化していくことが有効な知識資産を生み出す。「発達障害大学生支援物語（ナラティブ）」の創発と共有によって初めて，教職員の支援能力が開発されていくのである。ここでもナラティブ・アプローチのノウハウが，このような目的に大きく貢献するものと思われる。

4. 知の生態系として地域社会を捉えて連携する。

　　富山大学における発達障害学生支援は，学内のみで行われるものではなく，地域社会に開かれる形で行われている。大学での修学は，今までの小学校，中学校，高校までの教育の延長線上にあるとともに，社会参加のための準備期間でもある。小学校，中学校，高校の教育機関が提供する発達障害のある生徒のための特別支援教育との連続性を意識するとともに，自立した社会人になるための能力

養成と，行政，社会福祉法人やNPO法人が担う地域支援機関とのネットワーク形成が大学には求められる。学外を含めた支援ネットワーク形成の際にまず必要なのは，発達障害者が社会の財産として広く認知されるビジョンと，そのために達成すべきミッションである「トータル・コミュニケーション・サポート」の必要性の共有である。そのうえで，ミッションの有効性を常に地域社会に問いかけることで対話を促進し，常に地域社会のニーズに合わせて実践の改善を行っていく必要がある。

IV 学内外の連携体制の構築

　前節では，富山大学における発達障害学生支援の知識創造動態モデルを示したが，本節では，そのモデルに基づく学内外の連携体制の構築について述べる。大学における学生支援は，おもに，修学支援，キャリア（就職・進学）支援，メンタル支援，の3つに分類することができる。発達障害大学生への包括的な支援のためには，いずれの支援も欠かすことができない。そのために，富山大学では，発達障害学生支援の専門組織であるトータルコミュニケーション支援室を中核として，それぞれの支援に必要な部署との連携体制の構築を図った（3-図5）。

　修学支援では，それぞれの学部の教員と教務担当職員，および教養教育担当教職員との連携を図った。それにより，支援を受ける学生の履修スケジュール管理，受講時の配慮づくり，レポート，実習，卒論といった学習支援が可能となった。

修学支援

連携先：
学部教員・教務職員
教養教育教員・教務職員

―履修スケジュール管理
―受講時の配慮づくり
―レポート・実習・卒論支援

キャリア支援

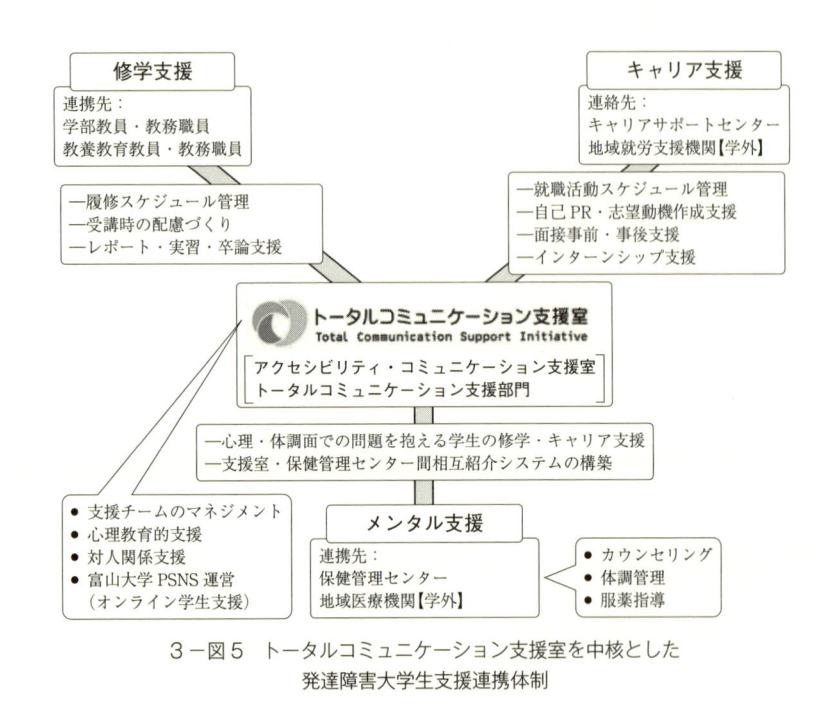

連絡先：
キャリアサポートセンター
地域就労支援機関【学外】

―就職活動スケジュール管理
―自己PR・志望動機作成支援
―面接事前・事後支援
―インターンシップ支援

トータルコミュニケーション支援室
Total Communication Support Initiative

アクセシビリティ・コミュニケーション支援室
トータルコミュニケーション支援部門

―心理・体調面での問題を抱える学生の修学・キャリア支援
―支援室・保健管理センター間相互紹介システムの構築

- 支援チームのマネジメント
- 心理教育的支援
- 対人関係支援
- 富山大学PSNS運営（オンライン学生支援）

メンタル支援

連携先：
保健管理センター
地域医療機関【学外】

- カウンセリング
- 体調管理
- 服薬指導

3－図5　トータルコミュニケーション支援室を中核とした
発達障害大学生支援連携体制

　次に，キャリア（就職・進学）支援では，学内のキャリアサポートセンターおよびハローワークや障害者職業センター，障害者就業・生活支援センターなどの地域就労支援機関との連携を図った。それにより，インターンシップ（在学中に行う短期の就業体験）の支援，就職活動スケジュール管理，企業や行政機関などへの応募に必要な自己PRと志望動機の表出化作業，面接対策などが可能となった。

　最後のメンタル支援では，保健管理センターおよび地域医療機関との連携を図った。特に，保健管理センターとは一体となって活動することを目指し，トータルコミュニケーション支援室と保健管理センター間の学生の相互紹介システムを構築した。それにより，心理・体調面での問題を抱える発達障害大学生に対し，医療・心理的

ケアと並行した修学・キャリア支援を提供することが可能となった。

　トータルコミュニケーション支援室の固有の役割は，個々の学生に対するオフライン支援としてのチーム支援の形成とそのマネジメント，教育・認知面での総合的なアセスメント（2章），社会参加に向けた自己理解や自己受容を促進する心理教育的支援（5章），合理的配慮の探究を含めた対人関係支援（4章）に加えて，オンライン学生支援である。次項では，支援チームの形成とそのマネジメント，およびオンライン学生支援について詳細に述べる。

V 支援チームの形成とマネジメント

　富山大学の発達障害学生支援は，駆動目標として明示されている通り，発達障害の専門家だけではなく，本人に関わる教職員や保護者も支援に関わる包括的な支援を目指している。そのために，先進的なマネジメント理論を駆使している。その前提には，支援者は誰もが専門家であることを共有し，その専門性を連結させること（Drucker, 1966）で可能となる支援の在り方を個別に探求していく心構えがある。チーム支援におけるマネジメント上の特徴は，おもに以下の4つである。

- 学内外に高く信頼される支援組織づくりを行う。
- 支援の目的の変化に対応するプロジェクト・マネジメントを導入する。
- チームの範囲を細かく設定するためにチームメンバー再編成を

行う。
- 同時に並行して進むチーム支援の相乗効果を狙う。

以下，それぞれの特徴について詳細に述べる。

1. 学内外に高く信頼される支援組織づくり

ワイクら（Weick and Sutcliffe, 2001）は，送電所，航空管制システム，原子力空母・発電所，救急医療センター，人質解放交渉チームなど，常に過酷な条件下で活動しながらも，事故発生件数を標準以下に抑えている組織がどのように不測の事態に対する適切なマネジメントを行っているかについて研究を行った。ワイクら（Weick and Sutcliffe, 2001）は，このようなマネジメントを行っている組織を高信頼性組織（High Reliability Organization：HRO）と概念化し，これらの組織に共通するマインド（意思と能力）は，失敗から学ぶ，単純化を許さない，オペレーションを重視する，復旧能力を高める，専門知識を尊重する，の5つであるとした。

富山大学では，発達障害学生支援の中核組織であるトータルコミュニケーション支援室に，これらの要件が備わるように不断の努力を行っている。トータルコミュニケーション支援室のスタッフは，支援事例をできるだけリアルタイムに共有することで，うまくいかない状況を率先して明らかにし，支援スタッフ全員で改善策を練ることができるようにしている（失敗から学ぶ）。さらに，支援を取り巻く状況を多様な視点で捉え，問題を単純に捉えず，学生や教職員の立場や考え方の違いを意識しながら合意形成を粘り強く追求して

いる(単純化を許さない)。発達障害大学生支援の現場は、「何が起こるか予想できない」まさに不測の事態の発生に常にさらされている。そのために、個々の学生への支援がどのような状況にあるかの把握を常に行っている(オペレーションを重視する)。トータルコミュニケーション支援室は、失敗をしない支援ではなく、試行錯誤の中で、失敗をすぐに改善につなげるための支援を目指している(復旧能力を高める)。そして、トータルコミュニケーション支援室は、支援者すべてのもつ知識に専門性を見出し、それを尊重することを心がけている。発達障害の専門家だけが発達障害大学生の支援に役立つわけではない。教員の専攻分野に対する教授方法、事務職員の大学運営システムへの知識、保護者の学生の行動や考え方に対する知識をどう組み合わせ、具体的な支援の方法を形づくっていくかが重要である(専門知識を尊重する)。

2. プロジェクト・マネジメントの導入

プロジェクト(タスク・フォースやワーキング・グループともいわれる)とは、目的が達成するまでの間、急ごしらえで作る組織形態のことである。通常、組織の中には、ライン(指揮命令系統)が明確で固定化された部署(以下、ライン)と、目的に応じて部署を横断してメンバーを招集して時限つきで組織される(目的が達成された時点で解散する)プロジェクトが併存している。しかし、先進的な企業組織においては、基本的に組織からラインを排除し、プロジェクトのみとする試みも行われている(井上, 2006 ; Hamel and Breen, 2007 ; 若林, 2009)。この組織形態では、リーダーとフォロワーの関係しか存在せず、そ

こに上下関係や固定的な関係はない。また，プロジェクトの目的によってリーダーがおのずと決まり，プロジェクトの目的が変化すればリーダーも交替する可能性がある。そのため，プロジェクト・メンバーの使命感に基づく主体的なコミットメントと，組織内の知識交流が組織活動の源泉となる（井上，2006）。

　富山大学においても，発達障害学生支援はプロジェクト・ベースの組織形態を採用している。学生一人ひとりに，主担当となる支援スタッフがつきリーダーとなるが，他の支援スタッフはリーダーを支えるフォロワーとなる。学生の年次が上がっていき，支援の目的が変化すると（たとえば修学支援から就職支援に変化する），就職支援を得意とする支援スタッフがフォロワーからリーダーとなり，修学支援時のリーダーはフォロワーになる。こうして，5人いるトータルコミュニケーション支援室スタッフは，リーダーの役割とフォロワーの役割を常に同時にもつことになる。こうして，支援室スタッフ間のそれぞれの関係性に対等性が担保され，権威や知識が偏在することを防ぎ，結果として継続したサポートを安定的に行うことが可能になる。

3. チームメンバー構成・再構成のマネジメント

　プロジェクトの目的に応じて，チームメンバーを必要に応じて多くしたり，逆に少なくしたりすることは重要である。チームメンバーが，常に支援目的を共有し，その目的達成に向かって最大限の努力をする必要があるが，一方で，メンバー間の合意形成を速やかにするために，必要最小限の多様性が確保されたメンバー構成を再検討する必要性がある。支援の進捗や目的の変化に応じて，柔軟にチー

3-図6　相談ルーム

ム・メンバーを再構成するためのマネジメントが必要である。

4. 複数のチーム支援の相互作用を促進する

　支援している学生が複数になると，必然的に同時並行に支援が動いている状況となる。それぞれの支援は個別に動いているが，ある学生の支援で得られた知識を，他の学生の支援にも活用することは可能である。支援チーム間の知識移転をスムーズに行うためのマネジメントによって，特定の学生に固有の支援ノウハウから，条件付きながらも他の学生の支援に有用な支援ノウハウを発見することが可能となる。

　これら4つのマネジメントについて，誰か一人のマネジャーが意識して実行するのではなく，支援室スタッフ全員が意識して行うことが肝要である。そのためにも，トータルコミュニケーション支援室（3-図6）は，名実ともにフラットな組織であることを重視して組織化されている。

Ⅵ　オンラインシステム（富山大学PSNS）の構築

　トータルコミュニケーション支援室は，オンライン学生支援の一環として，平成20（2008）年4月より全学構成員（学生および教職員）のみを対象とした富山大学PSNS（以下，PSNS）の運営を開始した。PSNS運営ミッションとして，トータル・コミュニケーション・サポートに準じる形で，「学生には，安全で健全で生き生きとした，自己表現と相互交流の場と機会を提供し，教職員には，安全で無理がなくいざという時に役に立つ，学生支援と学生支援のための支援（メタ支援）の手段を提供する」ことを学内外に表明している。

　PSNSは，前述の通り，学内のみならず，インターネットに接続できる環境であれば，PCおよび携帯電話からのアクセスが可能となっている（3-図7）。PSNSを利用することで，学生は「日記（ブログ）」やPSNS内ユーザーの参加と閲覧範囲を限定して教職員が運営できる電子掲示板機能の「コミュニティ」，特定のユーザーに対する私信送受信機能の「メッセージ」への投稿を通じて，時間や場所を問わず，関係する教職員や学生に相談したり問い合わせたりすることができる。また，「マイフレンド」リンク機能を利用して，日記公開範囲（マイフレンドまで公開と全体公開を選択可能）に応じて相談内容を変化させたりすることができる。加えて，自分のページへのほかユーザーの訪問履歴を確認できる「あしあと」や「コメント」機能により，投稿情報への対応や反応の確認を，簡便な方法で行うことができる（3-図8）。

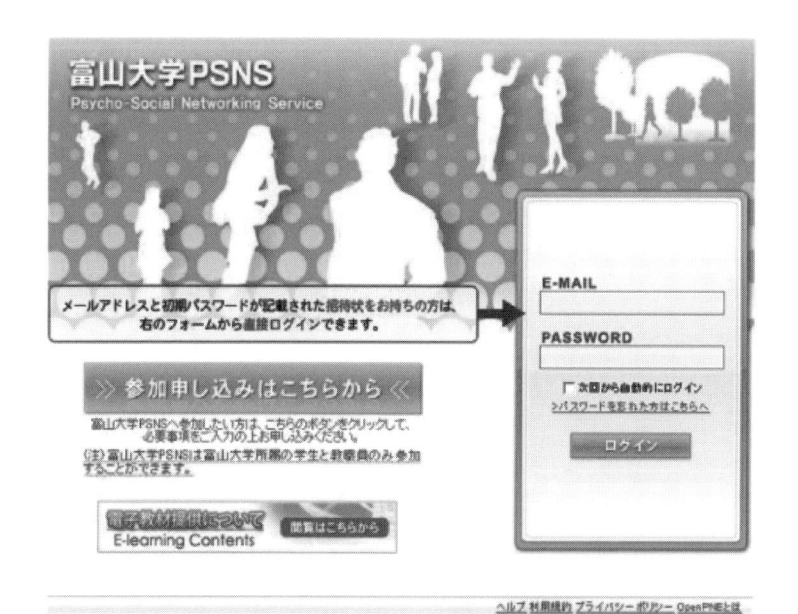

3−図7　富山大学PSNSログイン画面

　PSNSでは，トータルコミュニケーション支援室（PSNS上では「PSNS管理者」というニックネームを用いたアカウントをもっている）がすべてのユーザーのマイフレンドとなっており，ユーザーの大学生活上の悩みごとに対する相談を，時間や場所を問わず学生の都合によって受け付けることが可能となっている。
　トータルコミュニケーション支援室スタッフは，PSNSの活性化支援と不正投稿への対応を常時行っている（3−図9）。活性化支援では，学生によって投稿された日記，コミュニティなどの情報に対する積極的なコメント付与や，定期的な「管理者日記」の投稿を行っている。不正投稿への対応は，トータルコミュニケーション支援室がユーザーをあらかじめ登録することにより個人の特定が可

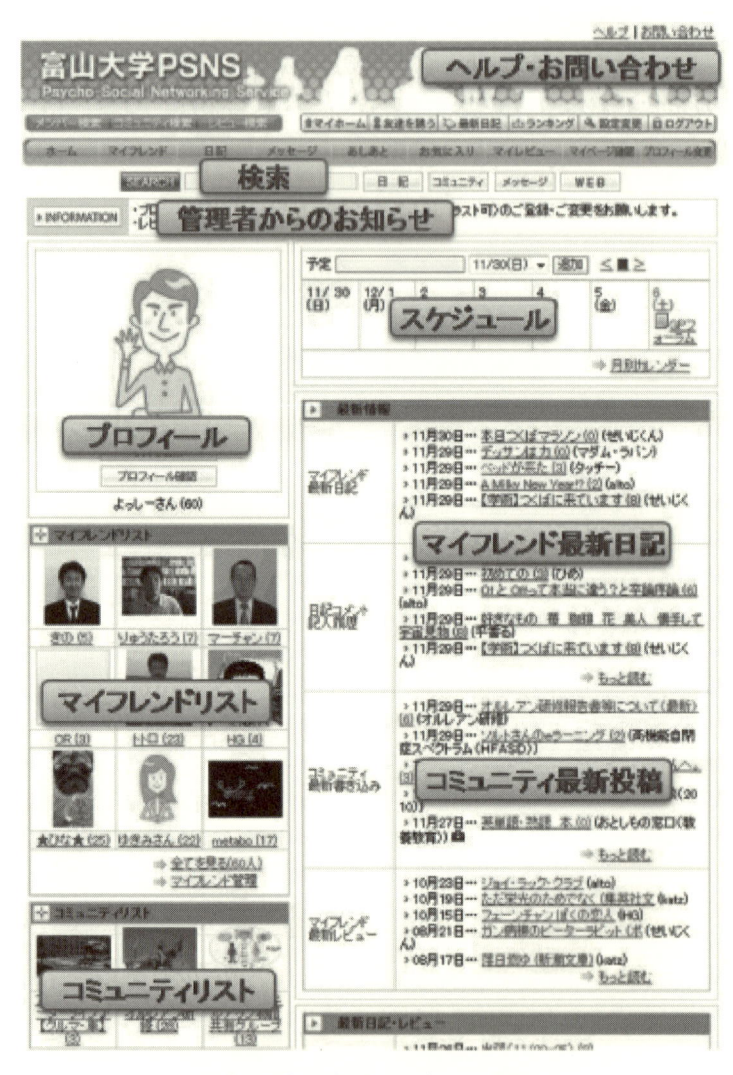

3－図8　PSNSのマイホーム画面

　能であることをユーザーに周知することで抑止効果を狙うとともに，運営スタッフによって毎日（休日を除く）投稿情報すべてのチェック

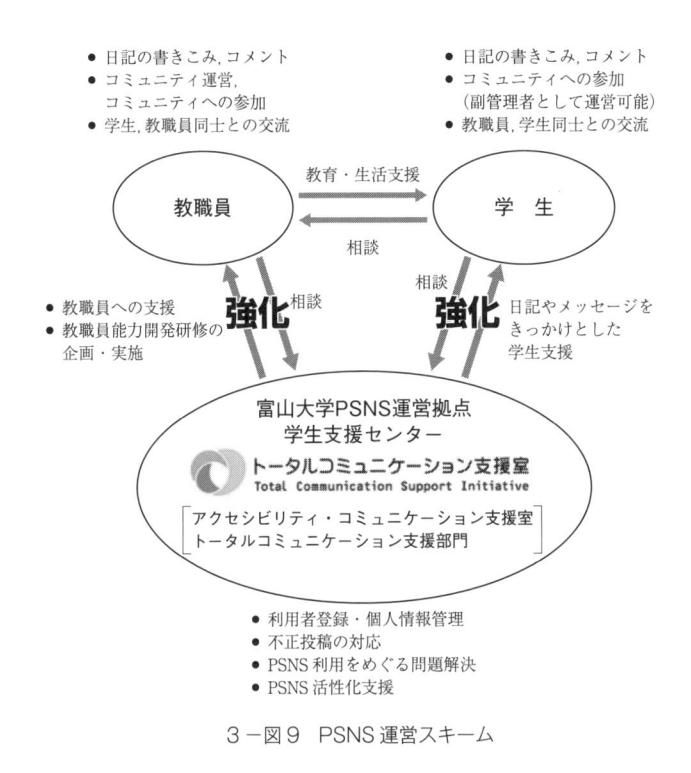

- 日記の書きこみ，コメント
- コミュニティ運営，コミュニティへの参加
- 学生，教職員同士との交流

- 日記の書きこみ，コメント
- コミュニティへの参加（副管理者として運営可能）
- 教職員，学生同士との交流

教職員 ←教育・生活支援→ 学　生
　　　　←相談→

- 教職員への支援
- 教職員能力開発研修の企画・実施

強化　相談　　相談　強化

- 日記やメッセージをきっかけとした学生支援

富山大学PSNS運営拠点
学生支援センター
トータルコミュニケーション支援室
Total Communication Support Initiative

アクセシビリティ・コミュニケーション支援室
トータルコミュニケーション支援部門

- 利用者登録・個人情報管理
- 不正投稿の対応
- PSNS利用をめぐる問題解決
- PSNS活性化支援

3－図9　PSNS運営スキーム

を行っている。問題のある投稿情報は，コメントでの対応に加えて，場合によっては該当箇所の削除や関係部局の協力を得たうえでの投稿者（ないし関係者）の支援などの対応を速やかに行っている。

　発達障害大学生支援のために，トータルコミュニケーション支援室では，おもに3つの側面でPSNSを活用している。1つは，日記機能やコミュニティ機能を活用した発達障害大学生への直接的な支援である。面談で話せなかったことや，あとで思い浮かんだことを日記に書いてもらうことで，限られた対面での面談時間では語り尽くせなかったことを拾い上げることができる。また，日記に書かれ

た内容を面談時に取り上げることができる。また，支援のためのコミュニティを立ち上げ，学生と支援者間で取り決めた約束の確認や，連絡調整，スケジュール管理を行うことができる。

　2つめは，学生相互によるピア・サポートの場としての活用である。PSNSには障害のあるなしにかかわらず，多くの学生，教職員が参加している。PSNSの登録人数は全大学構成員の50%を超えている。参加する学生はニックネームを使用しており，必ずしも個人情報を公開しているとは限らないが，多くの学生は自分に起こった日常的なできごとや，印象的な体験，あるいはなんらかについて考えたことなどを積極的に全体公開日記に公開している。そういった自己開示的な日記に対して，教職員のみならず，学生同士においても，話題を共有し，共感的あるいは支持的な温かいコメントがつけられることが多い。特に辛い体験，苦しい体験についてつけられる，同じ立場にある学生からの温かいコメントは，当人にとっての非常に大きなピア・サポートとなっている。本章でその具体例を挙げることはできないが，発達障害大学生あるいはその傾向があると思われる学生が書いた自己開示的な日記をめぐって多くの学生，教職員が，語られた物語の共有とそれに誘発された語りの交流を繰り広げている実例，あるいは発達障害大学生が他の学生に対するサポーターの役割を担う例などがいくつも観察されている。

　3つめは，発達障害大学生のチーム支援のための，支援者側の効率的な情報共有，意見交換，ピア・スーパーバイズの場としての活用である。PSNSの高度なセキュリティ機能を活かして，クローズドのコミュニティにて個々の発達障害大学生の支援の状況を支援室スタッフが共有している。文脈に依存しにくい（ローコンテクスト）

場を活用することで，支援実践の言語化（暗黙知から形式知への変換）が促進されるとともに，スタッフ同士で個別のチーム支援の進捗状況を確認し合うことができる。また，優れた支援実践を素早く評価し，時間をおかずに水平展開する（複数のチーム支援の相互作用の促進）ことにも寄与している。

Ⅶ おわりに

　本章では，発達障害大学生支援へのナレッジ・マネジメントの有効性について論じるとともに，ナレッジ・マネジメントに基づく富山大学における支援システムについて，おもに知識創造動態モデル，支援チームのマネジメント，オンライン・システムの活用，の3つの観点から明らかにした。そのうえで，まとめに代えて，よりよい発達障害学生支援のためのマネジメント上の3つのポイントについて述べる。

　まず，再度ナレッジ・マネジメント導入の必要性について強調することにもなるが，発達障害大学生支援システムの持続的な進化のためのエンジンを埋め込むことが重要である。今までうまくいっていた支援がある日突然さっぱりうまくいかなくなった時にどのように支援の在り方を変えるか。野中ら（2006）は知識創造プロセスを「クリエイティブ・ルーティン」ないし守・破・離のプロセスが内包された「型」とも表現している。支援システムが自律的に革新していくためのプロセスをマネジメントすることが必要である。一方で，知識を創造するためには，業務に忙殺されないための余裕が必

要である。近年の知識創造型企業は，3M 社（住友スリーエム株式会社）の 10%ルールや Google 社（グーグル株式会社）の 20%ルール（業務時間の一定比率を自分の好きな活動にあててよいとする制度）に代表されるように，組織メンバーにいかに物理的，精神的余裕を与えるかに腐心している。限られた予算や人員の中で，余裕をもった発達障害大学生支援をどう実現するかが課題であり，それは，支援者間の燃え尽き防止に直結するであろう。

次のポイントとしては，全学的支援体制を構築してから支援を開始するのではなく，支援を通じてその範囲を全学的にすることを目指す方針が重要である。知識創造動態モデルに基づけば，支援を開始するためには，ビジョンを共有している必要最小限のコアスタッフと，ミッション，駆動目標があればよい。まずは一歩踏み出し，具体的な支援を通じて，一つひとつの支援が次の支援につながることを意識して対話と実践を丁寧に行っていくことができれば，自然と支援組織・ネットワークは拡大していく。

最後に，現時点での発達障害大学生支援のミッションが固定的なものではないことを前提にして，支援組織と環境（知の生態系）の関係を柔軟に捉えていく心構えが重要である。発達障害大学生支援は，爆発的な支援ニーズの拡大や法整備などの支援環境の劇的な変化が数年後にも起こる可能性が高い。現時点での支援のための手持ちのカードを確認しながら，状況に応じた環境との関係性を先んじて見直し，眠っているリソースを常に掘り起こしていく必要がある。具体的には，未来の学生像を把握するために，現在小学校や中学校で行われている特別支援教育の在り方や，その方向性についての意見交換が必要になってくるだろう。

文　献

Charon, R. (2006) Narrative Medicine : Honoring the Stories of Illness. Oxford University press, New York.
Drucker, P. F. (1966) The Effective Executive. Harper Collins Publishers, New York.
Hamel, G., Breen, B. (2007) The Future of Management. Harvard Business School Press, Boston.（藤井清美訳 (2008) 経営の未来：マネジメントをイノベーションせよ．日本経済新聞出版社．）
井上忠 (2006) 知の持続的革新と組織：ジャパンゴアテックス．In (野中郁次郎，遠山亮子編)，MOTテキスト・シリーズ　知識創造経営とイノベーション，丸善．
加護野忠男 (2010) 経営の精神：我々が捨ててしまったものは何か．生産性出版．
国立特殊教育総合研究所編 (2005) 発達障害のある学生支援ガイドブック：確かな学びと充実した生活をめざして．ジアース教育新社．
紺野登 (2002) ナレッジマネジメント入門．日本経済新聞社．
日本学生支援機構 (2009) 教職員のための障害学生修学支援ガイド．（http://www.jasso.go.jp/tokubetsu_shien/guide/top.html．）
野中郁次郎，遠山亮子 (2006)：知識経営の理論．In (野中郁次郎，遠山亮子編)：MOTテキスト・シリーズ　知識創造経営とイノベーション，丸善．
野中郁次郎，遠山亮子，平田透 (2010) 流れを経営する：持続的イノベーション企業の動態理論．東洋経済新報社．
Nonaka, I., Takeuchi, T. (1995) The Knowledge-Creating Company : How Japanese Companies Create the Dynamics of Innovation. Oxford University Press, New York.（野中郁次郎，竹内弘高著，梅本勝博訳 (1996) 知識創造企業，東洋経済新報社．）
Nonaka, I., Toyama, R. (2005) The theory of the knowledge-creating firm : subjectivity, objectivity and synthesis. Industrial and Corporate Change, 14 (3) : 419-436.
Nonaka, I., Toyama, R., Hirata, T. (2008) Managing Flow : A Process Theory of the Knowledge-Based Firm. Palgrave Macmillan, New York.
Polanyi, M. (1966) The Tacit Dimension. Routledge & Kegan Paul, London.（佐藤敬三訳 (1980)：暗黙知の次元：言語から非言語へ，紀伊国屋書店．）
斎藤清二，岸本寛史 (2003) ナラティブ・ベイスト・メディスンの実践．金剛出版．
斎藤清二 (2008)「オフ」と「オン」の調和による学生支援：発達障害傾向をもった大学生へのトータル・コミュニケーション支援．大学と学生，60 : 16-22.

Schön, D. A. (1983) The Reflective Practitioner : How Professionals Think in Action. Basic Books, New York.（柳沢昌一, 三輪建二監訳 (2007) 省察的実践とは何か：プロフェッショナルの行為と思考．鳳書房．）

若林直樹 (2009)：ネットワーク組織：社会ネットワーク論からの新たな組織像．有斐閣．

Weick, K. E., Sutcliffe K. M. (2001) Managing the Unexpected : Assuring High Performance in an Age of Complexity. Jossey-Bass, San Francisco, CA.（西村行功訳 (2002) 不確実性のマネジメント―危機を事前に防ぐマインドとシステムを構築する．ダイヤモンド社．）

第4章

チーム支援を通じた合理的配慮の探究

吉永崇史・西村優紀美

I　はじめに

　発達障害のある，もしくはその傾向のある学生（以下，発達障害大学生）支援のアプローチは，おもに2つである。1つめは，発達障害大学生をエンパワーメントすることで自己肯定感を高め，自己理解・受容を促進し，自立的に社会に参画していくための基盤づくりを支援することである。2つめは，発達障害大学生のもつ能力が発揮され，努力に見合った成果を出すことができるようにするための環境づくりを探究し実現することである。これらの2つの支援アプローチは並行して行われ，相互に影響し合うが，本章では後者の環境づくりに焦点をあてて，その実践の在り方について述べる。

　発達障害大学生がその能力を発揮できる環境づくりを考えるうえで鍵となる概念は，合理的配慮（reasonable accommodation）である。発達障害に起因した大学生活における困難さのあらわれ方は一人ひとり異なり，定型化することはきわめて難しい。一方で，初等・中

等教育機関における特別支援教育の普及に伴い，年々発達障害と認定される学生が増えると予想される状況下では，すべての発達障害大学生への配慮を行うために莫大な労力が必要とされるような状況が好ましいとは言えない。そのような現実をふまえるならば，効果的で効率的な配慮を探究することはきわめて重要である。私たちは，発達障害大学生支援のための理論的な基盤であるナラティブ・アプローチおよびナレッジ・マネジメント理論の考え方を活かし，有効な実践モデルを確立することを目指している。

本章では，チーム支援を通じて合理的配慮をどのように探究し，実行していけばよいかについてのプロセスモデルを，事例とともに提示する。加えて，大学生活のライフ・ステージに沿って，入学直後の適応，履修計画の立案と履修スケジュール管理，レポート提出と試験，実習活動，卒業論文研究活動，就職活動の6つの場面における配慮の可能性についても検討する。

Ⅱ 合理的配慮の基本的な考え方

国連総会において，障害のある人の権利に関する条約"Convention on the Rights of Persons with Disabilities"（訳：川島聡＝長瀬修仮訳, 2008；The United Nations General Assembly, 2006）が平成18（2006）年12月13日に採択され，当該条約の批准国が20カ国に達した後，平成20（2008）年5月3日に発効された。当該条約は，障害者を治療や保護の「客体」としてではなく，人権の「主体」として捉える障害者観に立脚しているが，その根底には障害の社会モデル（social model of disability）の考え方がある（川島・東，2008）。障害の社会モデルとは，障害者の不利や排除などの「障害問題」の原因と責任を障害者個人に還元させる（障害の医学モデル：medical model of disability）のではなく，社会側に帰属させるものである（川島・東，2008）。この考え方に基づき，第1条では，「障害（disabilities）のある人には，長期の身体的，精神的，知的又は感覚的な機能障害（impairments）のある人を含む。これらの機能障害は，種々の障壁と相互に作用することにより，機能障害のある人が他の者との平等を基礎として社会に完全かつ効果的に参加することを妨げることがある」（訳：川島聡＝長瀬修仮訳，2008）と記載されている。

川島ら（2008）によれば，当該条約における障害の概念は，当該条約の採択に先立って作成された国際文書である障害者の機会均等化に関する基準規則"The Standard Rules on the Equalization of Opportunities for Persons with Disabilities"（The United Nations General Assembly, 1993）におけるハンディキャップの概念に近いという。ハンディキャップとは，当該規則によれば，「他の者と同等に地域生活に参加する機会が失われ又は制約されていることを意味する言葉」（川島・東，2008, p.22）であり，「この言葉の目的は，障害者による平等な参加を妨げる環境の欠点と，社会における多くの編成された活動（たとえば情報，通信および教育）の欠点を強調することにある」（川島・東，2008, p.22）という。

上記の考え方を反映して，当該条約では，障害に基づく差別（discrimination on the basis of disability）と，障害に基づく差別を撤廃するための適切な措置である合理的配慮（reasonable accommodation）の概念が，第2条において盛り込まれた。当該条約によれば，障害

に基づく差別とは,「障害に基づくあらゆる区別,排除又は制限であって,政治的,経済的,社会的,文化的,市民的その他のいかなる分野においても,他の者との平等を基礎としてすべての人権及び基本的自由を認識し,享有し又は行使することを害し又は無効にする目的又は効果を有するものをいう。障害に基づく差別には,合理的配慮を行わないことを含むあらゆる形態の差別を含む」(訳:川島聡＝長瀬修仮訳,2008)と定義されている。この定義に基づいて,合理的配慮は,「**障害のある人が他の者との平等を基礎としてすべての人権および基本的自由を享有し又は行使することを確保するための必要かつ適切な変更および調整であって,特定の場合に必要とされるものであり,かつ,不釣合いな又は過重な負担を課さないものをいう**」(訳:川島聡＝長瀬修仮訳,2008)と定義されている。

　東(2008)は,当該条約における合理的配慮の概念を理解するポイントとして,以下の4点を挙げている。

- 「特定の場合」の意味。
- 「他の者との平等」が示すコンセプト。
- 「必要かつ適切な変更及び調整」の判断と具体化。
- 配慮を行う者の「不釣合いな又は過重な負担 (a disproportionate or undue burden)」。

　1つめの「特定の場合」とは,障害のある人がおかれた具体的な状況の個別性を前提として配慮の必要性が判断されることになるという意味であり,制度として一定の分野に一定の基準を適用して配慮を行うという考え方によるものではないことを指す(東,2008)。

2つめの「他の者との平等」とは，障害のある人はほかの人と同様の権利を有しているものの，現実には権利を享有できていないという認識の下に，権利の享有や行使において実質的な平等を確保し，格差をなくしていくという考え方である（東，2008）。3つめの「必要かつ適切な変更及び調整」とは，実質的な平等を確保する手段として捉えられる。これらの内容は定型的に一律に定められるのではなく，障害の種類や程度，おかれた状況の共通性に基づき，生活の分野ごとに切り分けるなどにより具体性をもって類型化され，同時に類型化になじまない部分を切り捨てない規定の仕方が望まれている。最後の「不釣合いな又は過重な負担」とは，配慮を受ける者の「人権の性格や重要性，具体的に選択された手段の不可欠性，非代替性，そのこと（筆者注：合理的配慮）がないことによって被る権利侵害の程度」（東，2008，p.49）と，配慮を行う者の「性格（個人か，団体か，公的機関か），業務の内容，規模，業務の公共性，不特定性，事業規模から見た負担の程度，事業に与える影響」（東，2008，p.49）の比較によって判断されるものである。過重な負担については，アメリカの雇用機会均等委員会が，非常な困難や莫大な費用がかかること，過度に大規模であること，配慮にあたって混乱を伴うようなものであること，事業運営の根幹に関わるものであること，という基準を示している（東，2008）。

本章執筆現在（2010年6月），日本政府は未だ当該条約の批准にいたっていないが，平成18（2006）年9月28日に署名を行い，現行の国内法に照らし合わせて点検し，見直しを行っている。近い将来，本邦においても当該条約が批准されることを見越して，当該条約の理念を先取りし大学における障害学生支援体制を整えていくことが，

けっして拙速な動きではないことは明らかである。

　さらにいえば，障害者の権利条約が立脚している障害の社会モデルは，あらゆる種別の障害の中でも，発達障害者支援に特に適合性が高いと考えられる。発達障害の本質は，社会的コミュニケーションの困難さにある。障害者個人にその責任を帰属させるのではなく，障害者が生きる社会にその責任を帰属させる考え方は，当該条約が目指す「実質的な平等」を追求するうえでは不可欠であろう。また，発達障害ほどその困難さに個人差が生じる障害はない。加えて，対人関係やコミュニケーションという相互作用の中で立ちあらわれてくる障害なので，状況・文脈や関係性によっても困難さの質や度合いが変わってくる。そのようななかで，求められる配慮もそのつど異なり，定型化できるものではない。

　とはいえ，配慮が発達障害者の求めに応じて制限なしに拡大されることは現実的ではない。むしろ，当該条約が示した合理的な配慮の考え方に基づき，本人と本人を取り巻く周囲の人たちとが対話を重ねることを通じて，現実的に提供が可能な配慮についての合意形成（consensus building）が丁寧に行われていく必要がある。この合意形成なしでは，本人と関わる周囲の人たちが支援者としてそれぞれ固有の役割をもちながらも，目的を共有したチーム支援は成立しない。

Ⅲ 合理的配慮を探究するためのチーム支援

　チーム支援の在り方については前章にてすでに述べたが，その必要性を再度提示するならば，発達障害の専門家だけではなく，発達障害大学生に関わる教職員や保護者も支援に関わる包括的な支援を行うためである。チーム支援には目的とその達成のための具体的な方法の共有が必要であるが，支援の目的と方法についての合意を，本人およびチーム・メンバー間で丁寧に形成していくことはけっして簡単なことではない。とはいえ，完全な合意形成が行われるのを待っていては，支援が行われるタイミングを逸することにもなりかねない。したがって，合意形成は支援に「先だって」行われるものではなく，支援を「通じて」行われる必要がある。発達障害大学生が抱える問題は，状況に応じて刻々と変化する。問題が常に変化し得ることを前提として，支援方策が支援に先だってアプリオリに存在するという認識ではなく，それは支援の過程でそのつど浮かび上がってくるものであるとの認識に立つ方が，より現実的で柔軟な対応をすることができる。
　チーム支援において合理的配慮を探究するための前提条件として，以下の４つのポイントを提案したい。

- 支援チームには支援される学生も含まれる。
- 学生が困っていることに向き合うことを支援の出発点とする。
- チーム・メンバーのコミットメントを引き出す。

- 支援を受ける学生とのつながり方を複数確保する。

1. 支援チームには支援される学生が含まれる

　　支援チームは，一般的には，学生本人を支援するメンバーの集合体として捉えられることが多い。しかしながら，この支援チームには，支援を受ける本人も参加しているということを意識化することが重要である。このことは，チームで共有する支援目的とその方策の1つとして設定される合理的配慮に，学生本人の意思が反映されることを意味する。配慮を受ける学生が，人としての尊厳がおかされたと感じるケースは少なくないが，そのほとんどは，本人抜きで支援者間のみでの合意が先行している時に起きる。本人が成長するために不可欠な経験を阻害する配慮は教育上好ましくないばかりか，障害のある人の権利に関する条約が想定している人権の主体性を侵害しているとの認識が重要である。

2. 学生が困っていることに向き合うことを支援の出発点とする

　　支援の目的が共有されなければ，支援チームは形成されたとはいえず，実際に動き出すこともない。支援の目的が状況に応じて変化することを前提とした場合，チーム支援の初期においては，「当該学生が困っていることに向き合う」ことをとりあえずの支援目的として設定することが好ましい。この目的が共有されれば，本人の特性と本人を取り巻く状況が不透明であっても，速やかに支援に着手

することが可能である。

　学生が困っていることに向き合うための支援方策としてもっとも重要なことは，支援の目的を確認しながら，その目的を状況に応じて再設定するために本人と支援者が対話していくための関係性を築いていくことである。このことは，後述するコーディネーションを通じた合意形成を行っていくための基盤づくりを意味する。

3. チームメンバーのコミットメントを引き出すための関係性を構築する

　支援を受ける学生も含めた支援チーム内において，それぞれのメンバーが，支援を通じたよりよい環境作りのためのコミットメントを相互に引き出せるような関係性を構築する必要がある。コミットメントとは，意思に基づいた「明示的行動を後戻りできないようにするプロセス」（Weick, 1995, 訳 p.207）であり，行為に対する責任を重くするものである。具体的には，チーム・メンバー一人ひとりが，それぞれの専門性に基づく能力と責任の範囲を最大限活用し，「私はこのようなことを挑戦してみたいのですが，みなさん，いかがでしょうか？」ということを積極的に提案し合えるような関係性である。

4. 支援を受ける学生とのつながり方を複数確保する

　発達障害大学生は対人関係に困難を抱えることが多いとされている。したがって，支援を行う時に不可欠な学生と支援者との人間関係の維持そのものに多くのエネルギーが割かれる場合が多い。その

エネルギーをなるべく減らすために，支援者が個人としての本人とのつながりを維持するための努力をするだけではなく，支援チームとしてのつながりを維持するための努力をする方が現実的である。一時的に本人と特定の支援者との関係が悪くなったとしても，ほかの支援者とのつながりが確保されていれば，そのつながりを起点に関係性を再構築することでき，支援そのものは継続できる。複数のパターンのつながりをもつ必要性をチーム・メンバー全員が理解することで，「常に良い関係（学生から見れば支援者一人ひとりとの関係，支援者から見れば自分と学生との関係や支援者間の関係）を保っていなければならない」という緊張感から解放される。

Ⅳ 合理的配慮の探究プロセス

　前述した前提条件をふまえて，合理的配慮の探究プロセスを概念化したものを提示する（4 - 図1）。合理的配慮とは定義上，「特定の場合（個別の状況）において必要とされる調整又は変更」である。したがって，個々の状況において適切な合理的配慮は，そのつど探究的に創造されなければならない。われわれが，合理的配慮の実行のためには合理的配慮の探究のプロセスを明示化する必要があると考える理由はここにある。このプロセスは，①ナラティブ・アセスメント，②コーディネーション，③合理的配慮の実行と評価，の3つの段階からなる循環として描き出すことができる。
　一方で，合理的配慮の探究のプロセスは同時に，個々の学生への支援目標が，暫定的な「とりあえずの支援方策」から，実践を通じ

```
          ┌─────────────────────────┐
          │   合理的配慮の実行と評価   │
          │  本人・支援者双方にとって  │
          │   よりよい変化をもたらす   │
          │      配慮とは何か？       │
          │           ⇅             │
          │ 配慮の結果どのような物語が │
          │   作られ, 共有できたか？  │
          └─────────────────────────┘
  ↑                                      ↓
┌─────────────────────────────────────────────┐
│「とりあえずの支援方策」から「支援目標の漸進的改善」へ│
└─────────────────────────────────────────────┘
  ↑                                      ↓
┌──────────────────┐         ┌──────────────────┐
│ ナラティブ・アセスメント │  ⇒   │   コーディネーション   │
│  本人が困っていること,  │         │ 本人(学生)と支援者(教職員)の│
│   本人の努力がなぜ    │         │     視点をつなぎ,    │
│  報われないかを聞き取り, │         │    双方が納得できる   │
│   物語にして共有する   │         │      配慮を探る     │
└──────────────────┘         └──────────────────┘
```

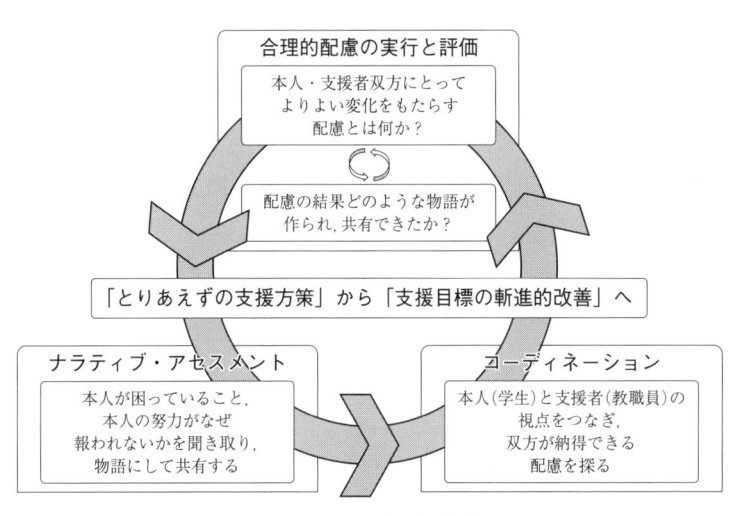

4－図1　合理的配慮の探究プロセス

てよりよいものへと変化していくことを前提にしている。合理的配慮,それ自体が探究され,実行され,改善していくだけではなく,このプロセスそのものが支援目標の漸進的改善に資するものでなければならない。合理的配慮と同様に,支援目標もアプリオリなものではなく,かつ固定的なものでもない。合理的配慮の探究にあたっては,合理的配慮と支援目標とは相互に影響し合っていること,それゆえに支援目標が改善されることで合理的配慮の探究プロセス改善のきっかけとなりうること,の2点を意識する必要がある。

1. ナラティブ・アセスメント

　　ナラティブ・アセスメントの詳細については第2章に述べられている。合理的配慮の探究プロセスのために最初に必要なことは,本

人が困っていること，本人の努力がなぜ報われないのかということを，発達障害の概念に立脚しつつも，必ずしも発達障害についての専門的知識がなくても十分に理解でき，かつ共感できるように物語化することである。この物語の生成には，多くの場合，前章で述べた知識創造プロセス（Nonaka and Takeuchi, 1995）の一環である暗黙知の共有と形式知への変換が必要となる。したがって，ナラティブ・アセスメントは，支援を受ける学生との継続的な関わりを通じて，言葉になりにくい体験を積極的に言語化していくための支援であるともいえる。

ナラティブ・アセスメントは，どのような合理的配慮が必要であるのか，それは誰によって提供されるべきものなのか，についての暫定的な仮説を浮かび上がらせる。このことによって，学生に向き合う支援者は，とりあえずの支援方策（アクション・プラン）を立て，学生に提示し，合意のうえでコーディネーションを開始することができるようになる。

2. コーディネーション

コーディネーションの目的は，支援を受ける学生も含むサポートチームの中で，合理的配慮についての合意形成が行われることである。コーディネートという言葉には，一般的に「つなぐ」という意味合いがあるが，ここでつながれるものは，支援を受ける学生の視点と，配慮を提供する支援者の視点である。視点（point of view）とは，端的には現実世界を認識するためのものの見方を意味する。メジロー（Mezirow, 2000）は視点を意味スキーマ（meaning schemas）と

して，つまり，「直接的で特定の期待（expectations），信念（beliefs），感情（feelings），態度（attitudes），判断（judgments）の集合体を構成していて，暗黙的に特定の解釈を方向づけて形づくり，私たちがどのように判断し，対象を分類し，因果関係を見出すかを決定するもの」(p.18)と捉えている。発達障害大学生，特に自閉症スペクトラム障害のある学生は，独特の視点に基づく状況理解をしていることが多い。その視点を常識と照らし合わせて批判したり，やみくもに修正したりするのではなく，その視点を明らかにし，理解し，尊重することから支援が始まる。ナラティブ・アセスメントの段階で生成された学生の物語が支援チームの中で共有され，共感されていくことで，配慮を提供する支援者が，その学生の視点を理解することができるようになる。

　同様に，配慮を直接的に提供する支援者のもつ視点も，チーム・メンバー全員に理解され，尊重される必要がある。たとえば，学生がある講義においてなんらかの配慮を望んでいる場合，その配慮によって，講義を担当する教員の教育目標が侵害されないかどうかを検討する必要がある。この検討のためには，なぜこのような教育目標が設定されているか，その背景にある教員の視点を明らかにしていく必要がある。

　配慮を受ける側，提供する側の双方の視点が明らかになれば，それぞれの視点からもう一方の視点がどう解釈できるかを評価することができる。これらの2つの視点をつなぎあわせるなかから，支援を受ける学生と支援者が納得して合意できる合理的配慮の基本的な枠組み（たとえば，期末試験を別室で受験することを認める）が浮かび上がってくる。コーディネートを担当する支援者（コーディネーター）は，

合理的配慮の基本的な枠組みが浮かび上がるまで，地道に丁寧な対話をチーム内で行っていく必要がある。

3. 合理的配慮の実行と評価

　合理的配慮が実際に提供されるためには，配慮を受ける学生と配慮を提供する教職員それぞれの一連の行為の手順が個別に明らかにされる必要がある。たとえば，ある講義で別室受験が必要だという合意が支援チーム内でなされた時に，次に検討すべきことは，試験を実施する日時と場所といった成立条件と，配慮を受ける学生，配慮を提供する担当教員，（必要に応じて）教員アシスタントのそれぞれの動きを時系列にあらわしたフローチャートを作成し，共有する必要がある。合理的配慮は，この行動計画に基づいてそれぞれが行動することで実現される。

　合理的配慮は，関係者が，その配慮を通じてそれぞれの立場でよりよい変化がもたらされることの期待の下に実行されるものであって，その配慮によって不満を覚えたり，不利益を受ける者が生じたりする事態は，できるかぎり避けなければならない。また，配慮を受ける，ないしは提供することに対して，それぞれどのような期待をもっているかを事前に明示化することがなければ，配慮が行われた後に，その期待に応える結果であったかについて評価をすることはできない。これらの評価は，満足度を定量的に測定する方法よりも，その配慮が行われた結果どのような物語が作られ，共有できたのかという観点からの質的な評価の方が，有用性が高いとわれわれは考えている。この評価を丁寧に行うことによって，さらなる合理

的配慮を探究するために，発展的なナラティブ・アセスメントへと移行することができる。

V 合理的配慮探究プロセスの事例

前述した合理的配慮探究のプロセスの具体例を，富山大学学生支援センターの下部組織であるトータルコミュニケーション支援室（以下，支援室）のスタッフがコーディネーターとしての役割を担って支援した，注意欠如／多動性障害（ADHD）とアスペルガー症候群（AS）の診断がある理系学部Ｄさんの事例に沿って提示する。Ｄさんは，自身でも原因がよくわからない行動の抑止感により，入学してから3年間にわたって1単位も取得できない状況が続いていた。そのなかで，Ｄさんが通院していた地域医療機関からの紹介により，支援室での支援が始まった。Ｄさんは，当初具体的な修学支援は必要ないと主張した。支援室スタッフは，Ｄさんの気持ちを尊重しつつも，まずはＤさんとの信頼関係の構築に努め，Ｄさんとの継続的な対話を通じたナラティブ・アセスメントを試みた。

1. ナラティブ・アセスメント

3人の支援室スタッフがＤさんへのサポートに関わり，3カ月にわたってＤさんに対する対話を通じたナラティブ・アセスメントを行い，Ｄさんの困っていること，努力がなぜ報われないかについての物語化を行った。

Dさんは，教養教育の履修の一環として，語学の予習や体育実技の練習に全力で取り組んでいたが，中間テストや実技などの期待通りではない結果によって過度に落胆してしまい，大学に出てくることができなくなっていた。また，Dさんは，自身の信念に基づいて「履修登録した講義はすべて出席する」目標を立て，それを達成するための努力をしていたが，体調不良などによりやむをえず一度欠席してしまうと，そこから気持ちの立て直しができず，目標を状況に応じて適切に変更することができないでいた。さらに，Dさんは，調子が悪くなると，何かに集中して気持ちを紛らわせて，辛い状況をなんとか乗り切ろうとしていたが，その行動への過度の集中により，かえって体調の悪化を招いてしまっていた。しかしながら，Dさんには，自身の思考や行動が極端で加減が利かないという自覚があり，その対処をどうしていけばいいかに困っているという支援ニーズを持っていた。このニーズこそが，Dさんと支援を通じて現実的な履修方法を探っていくための糸口であると支援室スタッフは考えた。

　Dさんのナラティブ・アセスメントをわかりやすくまとめたものを以下に示す。このまとめは，その後スタッフ間の理解の共有や，指導教員，授業担当教員との打ち合わせにおいて，Dさんの視点を共有してもらうためなどの目的で積極的に利用された。

■Dさんのナラティブ・アセスメントのまとめ

- Dさんは，体調が悪くなるきっかけには睡眠のリズムや生活サイクルが影響していると考えており，それ以外の理由を想像できないようです。
- Dさんは，高校生のころにすでにADHDという診断があり，

その後ASの診断が出ていますが、それらの特性が自身の生活の中でどのように影響しているか理解するまでにはいたっていないようです。

- Dさんは「〜しなければならない」という気持ちが強く、そのことにとらわれてしまうので、その結果、追い詰められたような気持ちになり、行動がとどまってしまいます。具体的には、脱力感で歩けなくなることが多いようです。
- Dさんは自分にとって正しい理由がないと行動に移せないところがあります。無理に説得されることが嫌いです。
- Dさんにとって学ぶことは楽しいし、講義もきちんと受けたいと思っています。特に、専門の講義を受講することは楽しいと思っています。

支援室スタッフは、これらのナラティブ・アセスメントの結果を共有し、以下の4つのとりあえずの支援方策を立てた。

- 履修スケジュールを変更して、上限いっぱいまで履修登録している講義のすべてに出席するのではなく、出席すべき講義を必要最小限に絞る。具体的には、各講義の評価基準に出席点があるかないかに着目し、出席を重視している講義に優先して出席できるようにする。
- 本人が受講している担当教員に配慮を要請し、本人の不安軽減を目指していく。
- 長期的な疲労蓄積や現在の努力を、量的な尺度を用いて本人が理解しやすいように視覚化していく。

- 支援室では困難さばかりに目を向けず，本人の余暇活動を大学生活のリズムづくりに利用してみる。そのためにも本人の興味・関心の世界を支援室スタッフは積極的に共有し，語りを促進する。

2. コーディネーション

　上記の4つの「とりあえずの支援方策」を立てたうえで，支援室スタッフは，Dさんの修学に関わる教職員とのコーディネーションを開始した。コーディネーションは，常にDさんとの合意の下で行われた。
　まず，履修計画の見直しのために，Dさんが受講している講義の担当教員への連絡に先立ち，教養科目の履修担当職員とDさんが所属している学部教務担当職員に連絡し，Dさんに対する支援室における支援の背景とナラティブ・アセスメントの結果を共有した。そのうえで，Dさんに対する合理的配慮を探究するための手順，つまり，誰にどの順番で交渉していくかについて相談を行った。その結果，最初にDさんに履修上のアドバイスをする立場の学部教員（助言教員）と話し合いをもつこととなった。
　助言教員に対して上記のような物語化されたアセスメントを通じてDさんの視点を伝えるとともに，助言教員がもつこれまでのDさんや保護者との関わりや教員としての想い（視点）に支援室スタッフは耳を傾けた。そのうえで，Dさんの履修計画の見直しのためのコーディネーションを誰が行うのか，誰がそれを主導的に行っていくのかという話し合いが行われた。その結果，支援室のスタッフに

各講義の担当教員へのコーディネーションが一任されることとなった。

　支援室スタッフは，Dさんが履修する講義の担当教員全員に対して，ナラティブ・アセスメントに基づく「理解のお願い」という文書を，教養科目，学部教務担当職員を通じて配布した。同時に，一般的に講義に出席することが重要とされている教養科目の外国語担当教員には，2人の支援室スタッフが分担して直接教員と話し合いを行い，Dさんの視点を教員に理解してもらうことに努めると同時に，担当教員のもつ視点を探っていった。具体的には，「このような配慮を提供していただけないでしょうか？」という提案をするのではなく，「Dさんに対してどのような配慮の可能性があるでしょうか？」と問いかけていった。そうしたところ，複数の外国語担当教員から，「Dさんの状況はよくわかりました。体調不良により出席できなかった場合は，小課題のプリントを後日取りに来て提出すれば，出席扱いにします」という配慮が提案された。支援室スタッフは，このことが教員の教育目標に抵触しないか，過重な負担にならないかを確認したのち，その配慮をDさんに伝えた。

3. 合理的配慮の実行とその評価

　複数の教員からの提案を受けて，支援室スタッフはDさんと履修計画の見直しに取り組み始めた。出席しなくては単位を取ることができない科目，教員の配慮により出席しなくても単位取得を見込める科目，履修を放棄する科目の3つに講義を分類したうえで，1日に出席する講義数を2つ程度にすることにより受講負担が分散さ

れるような履修計画を立て,「最低でも週に4コマは出席する」という新たな目標を立てた。支援室スタッフは目標達成度を表にして可視化し,そのつどDさんと確認を行っていった。目標達成度の確認をすることで,本人の「すべての講義に出席できていない」というイメージは,「週4コマは出席できている」という現実的な目標に向かって努力しているというイメージに少しずつ切り替わっていった。

　コーディネーションに基づいて再構築された履修計画を基に再スタートしたものの,Dさんは履修期間の終盤にふたたび体調が悪くなり,いくつかの語学科目の期末試験を受けることができなかった。支援室スタッフは,「どのような条件であれば再試験ができるでしょうか?」と担当教員に問い合わせてみた。ある教員は「Dさんの欠席が続いていたので心配していました。Dさんが欠席した時の未提出分の課題プリントを提出してもらえれば,他の学生との公平性を損なわずに評価できますので,試験を実施する必要はありません。支援室スタッフにとって不都合なことはありますか?」と答えた。支援室スタッフは,「不都合なことは何もありません。先生の評価方法について尊重いたします」と回答した。このやりとりについてDさんに説明したところ,Dさんは「わかりました。お願いします」と答え,すぐに出された課題に取り組み,設定された提出期限までに提出した。Dさんは「課題に全力で取り組みました」と話し,担当教員も,Dさんの課題の取り組みに基づいて評価をした。評価は未受験であった期末試験の配点がないため「可」となったが,他の学生とまったく同じ基準での評価であったこともあり,他の学生との公平性を重視するDさんにとって満足できる結果となった。別

の教員からは，他の学生には出していない課題をDさんのために用意することができるとの提案があった。Dさんを含めた話し合いの結果，支援室スタッフの監督の下，支援室にて制限時間の範囲で当該課題に取り組み，その結果を評価に含めることで，当該科目の単位を取得することができた。

一方，配慮を受けたにも関わらず，評価が基準に達せずに単位が取得できなかった科目もあった。その場合でも，「今回と同様の配慮はできるので，来期以降に私の講義の再履修をして下さい」との提案が複数の担当教員からあった。Dさんはこれらの提案に大変喜び，今後の履修に向けてのモチベーションにもつながった。

半年の履修期間が終わったDさんは，「これまではまったく単位が取れなかったことを考えれば，期間中最後まで大学に通えたのはよかったです」，「成績についてはこんなものかと思います」，「次期の履修計画（の立案支援）もまたお願いします」と語った。Dさんに配慮を提供した教員の一人は，支援室スタッフとの協働を通じて「学生のもつ力を活かして学習を全うさせることの重要性を実感することができました」と語った。別の教員は，「今後私と同じような経験をする教員のために，発達障害のある学生の修学支援のための全学的なガイドラインを作成する必要があると思います」と語った。

履修期間終了後，支援室スタッフはDさんとともに振り返りを行った。その結果，次期の履修に向けて明らかになった支援方策として，時期の履修登録では履修科目数を抑えることが重要であること，講義の内容，講義の時間帯，講義室の場所をふまえながら，移動時間も含めて綿密に考慮する必要があること，履修した科目はすべて取得することを目標にすること，履修を継続的に行っていくに

はなにより体調管理を心がけることが肝要であること，が明らかになった。

　以上のように，履修期間を通じて，支援室スタッフは，コーディネーターとしての役割を担いつつDさんとの関わりを保つことができた。支援室スタッフは，まずDさんとの対話を成立させて，Dさんが困っていること，Dさんの努力がなぜ報われないかについての物語を作り，そこからとりあえずの支援方策を立てた。Dさんの物語を媒介にして，支援室スタッフがDさんの視点と配慮を提供する教職員の視点をつないだ結果，Dさん，担当教員の双方が納得できる合理的配慮が教員から提案された。実行された合理的配慮も手伝って取得できた単位の積み上げや，コーディネーションを通じて構築された教員との信頼関係によって，次期からの履修の見通しが立つとともに，Dさんの修学意欲を向上させることができた。さらに，これまでのサポートの流れをDさんと支援室スタッフがともに振り返ることで，今後の履修上の留意点と当面の支援目標が明確になった。これらの一連の活動を通じて，Dさんに対する支援目標と，それを達成するための合理的配慮が相互に影響し，それぞれの発展を支え合うプロセスを描くことができた。

VI　大学生のキャンパスライフにおける合理的配慮のニーズ

　本節では，これまでの支援室での実践経験に基づいて，大学生活におけるいろいろな場面でどのような合理的配慮のニーズがあるかを，入学から卒業までの学生のキャンパスライフのステージに沿っ

て一般化し，提示する。当然のことながら，これらの配慮が合理的であるかどうかは，本人の特性や状況に応じて，そのつど検討される必要があることに留意されたい。

1. 入学直後の大学生活への適応における配慮

　発達障害，特に自閉症スペクトラム障害（ASD）のある学生は，新しい環境に適応することが苦手である。大学での修学は，高校までのそれと違い，履修計画を自ら立てなければならない。また，高校までのクラスごとの担任制に基づく連絡体制が大学では整っていないので，履修上必要な情報を得たり，その情報を整理したりすることがうまくできず，結果として不適切な履修計画を立ててしまうこともある。さらには，受講時の暗黙のルールを読み取れず，担当教員にも質問することができず，課題をうまく提出できないなどの小さなつまずきから，すべての科目の履修が破綻してしまう可能性もある。

　入学直後における配慮としては，オリエンテーション時に提供される情報の取得漏れはないか，そのなかでも特に重要な情報が何かについての確認，適切な情報の整理の下に立てられた履修計画かどうかの確認などが考えられる。また，講義を担当する教員に対して，同じような質問を何度もしてくる場合には前回した質問との関連性をふまえた説明を心がけてもらう，受講ルールや評価の仕方をなるべく明示化してもらう，講義中にパニックになった場合に問題が大きくならないような対応をとる，耳から聴いた情報を処理することが苦手なためノートテイクが苦手な学生に対して，講義資料を事前

に配布する，ICレコーダーの持ち込みや板書撮影を許可するなどの学習保障を検討してもらうといったことが必要になることもある。

　また，入学前からの相談があれば，学生や保護者の希望に応じて，入学前にナラティブ・アセスメントを実施することができる。その結果を学部教員に共有してもらい，当該学生を支援するための動機づけができれば，速やかに合理的配慮を探究するための支援チームを形成することができるだろう。

2. 履修計画の立案と履修スケジュール管理における配慮

　一般的には，履修計画は半年ごとに立てる必要があるが，それまでの単位取得状況や，そのときの本人の調子によって，適切な組み立て方は異なる。発達障害大学生は，自らの意思によって優先順位を定めることや，明確な基準がないなかで二者択一を迫られる選択が苦手であることが多く，さらに，通院スケジュールとの関連や，特定の曜日の過度の履修科目の集中を避けるなど，一般の学生よりもはるかに多い留意点を履修計画立案の際に考慮しなければならない。たとえば，履修計画を立案するのに1カ月かかった学生がいた。すべての科目のシラバス（講義計画や評価方法，教員への連絡手段などを盛り込んだメモ）に目を通し，わからないことはそのつど担当教員に問い合わせて履修が続くかどうかを判断し，体調を維持するための適切な組み合わせパターンをいくつも作成し，それぞれの優劣について検討する必要があった。履修計画立案をできるだけ早期に着手するために，成績を公式発表の前に入手する配慮が必要になる場合もある。

また，履修が適切に行われているかどうか，履修スケジュールに基づき定期的に確認していくことも必要である。一部の科目の履修の遅れが全体の履修に悪影響を及ぼさないように，履修スケジュールを学生と一緒に点検していく配慮が必要なことが多い。

3. レポート提出と試験における配慮

　大学における講義では，一般的に，当該科目を通じてどの程度の知識が得られ，その知識からどのようなことを考察したかについて評価が行われる。そのための評価手段として，レポートもしくは試験が課されることが多い。しかし，発達障害大学生は，スケジュール管理がうまくできなかったり，出題の意図が読めなかったりするために，レポートを期日までに提出できないことがある。また，感覚過敏や，二次障害としての強迫観念の想起と自身のもつこだわりの相互作用によって，大人数の中で落ち着いて試験を受けられないことがある。そのための配慮として，レポートの提出期限の延期，静かな環境が確保できる別室での受験，試験の代替レポートなどがありうる。

　なお，他の学生に試験が課されているのに，当該学生にレポートによる代替を認めるのは，教育における公平を侵害する過剰な支援にあたるのではないかとの疑問が呈されることは比較的多い。このような場合には，その講義における達成目標がなんであって，当該学生の学習権を補償するための配慮としてどこまでが合理的であるかについての，支援者間での丁寧な個別の検討がなによりも重要である。前節で例示したようなプロセスを丁寧にふむことによって，

個別の合理的配慮についての合意が可能となる。

4. 実習活動における配慮

　　大学での修学では，他の学生との協同による実習活動が求められることが多い。しかしながら，発達障害大学生の中には，発達性協調運動障害に起因して手先が不器用である，対人関係が苦手なため適切なコミュニケーションが取れない，新しい環境に慣れるのに時間がかかる，といった問題を抱えて，実習活動がひどく困難な場合がある。そのときに考えられる配慮としては，実習のグループワークに気を配り，本人が排斥的にならないような雰囲気を醸成することや，実習期間の延長と実習前の準備のための個別指導，実習の目的の範囲内で本人の特性に合った役割を与えて評価するなどの配慮が考えられる。

5. 卒業論文研究における配慮

　　大学における卒業論文研究活動は，大きく分けて文系と理系とで取り組み環境が異なる。文系では指導教員との一対一の関係によって指導が行われることが多いが，理系では研究室単位で先輩も含めた集団的な指導が一般的である。しかしどちらにおいても，対人関係が重要となってくることはまちがいない。対人関係の苦手な発達障害大学生は，教員と対話が成立しなかったり，研究室で疎外感をもったりすることで，研究が進まなくなるリスクを抱えている。また，スケジュール管理の苦手さから，指導教員との約束が守れずに

信用を失うこともある。さらに，卒業論文の研究においては，何を明らかにしたいか（research question）を自ら生み出し，それを明らかにするための方法と計画を立て，その結果を考察することが求められる。そのために，大まかなスケジュールを立ててその通りに遂行するとともに，指導教員や先輩のアドバイスを取り入れながら，最終的には，自らの考えとして学問上の成果を主張しなければならない。

　このように，卒業論文研究活動は，主体性，計画立案，スケジュール管理，対人関係についてのスキルが要求されるが，これらすべてに苦手感をもつ発達障害大学生は少なくない。そのために必要な配慮としては，本人の特性を活かした研究テーマを選択できるような具体的なアドバイス，研究の進捗状況と研究のゴールとの関連性を常に確認する作業を学生と教員が協同して行うこと，アイデアの整理を手伝うこと，研究室やゼミが学生にとって排斥的な雰囲気にならないようにすることなどの配慮が求められる。

6. 就職活動における配慮

　発達障害大学生にとって，就職活動ほど辛い体験はないであろう（7章参照）。具体的には，どのように就職活動を進めていけばよいか見当がつかない，どのような仕事ができるのかが想像がつかない，自己PRと志望動機をまとめることができない，就職活動のスケジュールをうまく立てることができない，学業との両立がうまくいかない，予定を詰めすぎて心身ともに過剰な負担がかかる，面接で黙りこんだり意欲をうまく伝えたりすることができないなどの困難さがある。

一般的には，大学は学生の就職のために企業訪問は行わないため，学生の就職希望先の事業所に直接的に配慮を求めていくことはできない。ハローワークや地域障害者職業センター，障害者就業・生活支援センターとの連携を通じて事業所に配慮を働きかけていく必要がある。しかしながら，現段階では，事業所に配慮を求めていくためには，障害者手帳を取得したうえでの障害者雇用枠での応募とジョブコーチによる職場定着支援の利用が前提となる。医学的診断体制が社会的に整備されていない状況では，このような配慮を享受できる学生は一握りであろう。

　一方で，インターンシップ（短期の就業体験）を通して，就職活動のためのシミュレーションを行うことは，診断のない発達障害の学生にも適用することができるし，インターンシップの配慮を学内で行うことは可能である。具体的には，インターンシップ先の選定，必要に応じてインターンシップ先との連携による職場体験時の配慮，たとえば，インターンシップ期間の延長や本人の特性に応じて役割を設定するなどを求めていくことができる。

Ⅶ　おわりに

　これまで繰り返し述べてきたように，発達障害大学生に対する合理的配慮は，一人ひとりの特性に応じて，かつ状況によっても異なるため，定型化することができない。しかしながら，サポート実践の蓄積によって大学生活における場面ごとに必要とされる配慮の基本的枠組みを類型化することは可能である。それを必要に応じて組

み合わせていくことで，探究の効率化を図ることができる。

　学生と支援者の一対一の関係ではなく，チームとして支援を行うことの最大のメリットは，多様な視点をつなぐ作業を丁寧に行うことを通じて，固定化され，状況にそぐわない配慮が再生産されることを防ぐことができるということである。チーム支援を通じて合理的配慮を探究する場合は，積極的にコーディネーションを担う役割についてコミットする支援者，あるいは支援組織が必要である。コーディネーションを担う支援者（ないし支援組織）は，発達障害についての専門知識や発達障害者への豊富な支援経験をもっていることが望ましい。

　最後に，合理的配慮の探究プロセスの今後の課題を2つ提示したい。学内全体の発達障害学生支援に対する理解の浸透と，周囲の学生に対する働きかけである。

　まず，大学全体で，発達障害学生に対する合理的配慮の探究プロセスが行われることの合意形成が行われる必要がある。現実的には，トップダウン（執行部による方針の決定）とボトムアップ（教育現場における理解の浸透）の両面の働きかけが必要になるであろう。発達障害大学生の支援実績を執行部に示して，その必要性を理解してもらい，アセスメントやコーディネーションのために必要な発達障害の専門家を継続して雇用するための必要な予算措置を働きかけていくことは重要であるが，そのためのツールとして合理的配慮の探究によって効果的に支援が行われた事例そのものを物語化して，教職員研修会などで共有する機会を増やすことが効果的である。

　次に，直接支援に携わっておらず，かつ対等な立場にある周囲の学生に対してどのように働きかけていくかについて検討する必要が

ある。発達障害大学生にとって排斥的ではない環境を作っていくためには，教職員だけではなく周囲の学生の理解と協力が不可欠である。しかしながら，周囲の学生に発達障害大学生の特性をどのように伝えるか，また，それによりかえって排斥されないようにするにはどうすべきかについて適切な答えを出すことは難しい。また，実際の修学支援にあたって，わからないことを気軽に尋ねることができるピア・サポーター（学生）の存在は発達障害大学生には心強く感じられると同時に，教職員の負担を軽減することにもつながることが，これまでの支援実践の経験から明らかになっている。発達障害大学生のピア・サポーターに求められるのは，今何が起こっているかについての適切な状況通訳技能である。支援を受ける学生と同じ学部に所属し，発達障害者の一般的な特性を理解し，社会的コミュニケーションに優れ，状況をよく理解してそれを言語化することができる学生がピア・サポーターの理想像であるが，そのような学生をどのように育成し，組織化していくかについての早急な検討が望まれる。

文　献

東俊裕 (2008)：障害に基づく差別の禁止．In (長瀬修，東俊裕，川島聡編) 障害者の権利条約と日本：概要と展望，生活書院．

川島聡，東俊裕 (2008) 障害者の権利条約の成立．In (長瀬修・東俊裕・川島聡編) 障害者の権利条約と日本：概要と展望，生活書院．

Mezirow, J. (2000) Learning to Think Like an Adult : Core Concepts of Transformation Theory. In (Mezirow, J. and Associates.) Learning as Transformation : Critical Perspectives on a Theory in Progress. Jossey-Bass, San Francisco, CA. 3-33.

Nonaka, I., Takeuchi, T. (1995) The Knowledge-Creating Company : How Japanese Companies Create the Dynamics of Innovation. Oxford University

Press, New York.（野中郁次郎, 竹内弘高著, 梅本勝博訳 (1996) 知識創造企業, 東洋経済新報社.）

The United Nations General Assembly (1993) The Standard Rules on the Equalization of Opportunities for Persons with Disabilities. (http://www.un.org/esa/socdev/enable/dissre00.htm.)

The United Nations General Assembly (2006) Convention on the Rights of Persons with Disabilities. （http://www.un.org/disabilities/convention/conventionfull.shtml.）（川島聡＝長瀬修仮訳 (2008)：障害のある人の権利に関する条約 (2008年5月30日付).　長瀬修, 東俊裕, 川島聡編, 障害者の権利条約と日本：概要と展望, 生活書院.）

Weick, W.E. (1995) Sensemaking in Organizations. Sage Publications, California. （遠田雄志, 西本直人訳 (2001)：センスメーキング イン オーガニゼーションズ, 文眞堂.）

第5章

心理教育的アプローチ

西村優紀美

I　はじめに

　大学生活は入学直後から自分で授業を選択し，スケジュールを組み，学ぶ環境を整えなければならない。なかには生まれて初めてのひとり暮らしをしなければならない学生もいる。これまでのように与えられた課題をこなすだけではなく，自己選択や意思決定を求められる機会が多く，新しい環境の中で混乱は大きい。特に自閉症スペクトラム障害（ASD）の大学生にとっては，大学入学当初はすべてにおいて新しいことばかりであり，このような環境の大きな変化に戸惑いをもち，混乱することが多い。また，この時期は青年期の発達課題に直面する時期でもあり，ASDの大学生にとっては不安や混乱の多い時期となる。一般的に，青年期とは「内省の時期」であり，「社会的自立の時期」でもあるといわれている。自分は何者かという哲学的思索から始まり，自分以外の他者や社会に関心をもつとともに，他者との距離感にも敏感になる時期でもある。また，

他者から見た自己を意識する時期でもあり，対人関係場面での外傷的体験が多いASDの人は，否定的な自己像をもちながら，このような哲学的思索の時期を迎えることになる。また，青年期の発達課題として，「現実認知」と「人生観の確立」が重要なテーマであるといわれているが，ASDの人々にとっては，実態のない漠然としたテーマに不安ばかりが募り，自我の混乱を招く事態におちいることもある。

　支援室で行う修学支援は実際的で具体的な事柄を出発点としているものの，支援の範囲は具体的問題の解消だけにとどまらず，解決するプロセスを通して彼らの青年期の成長をサポートする発達促進的な関わりを含んでいる。つまり，実質的な支援を第一義的な目的にしながらも，現実の問題を超えて，彼らの漠然とした内的世界を言語的に表現し，自分自身を見つめる支援に変化していくことが必要とされる。発達障害大学生の混乱は，未来の自分自身への不安や社会的自立への不安に直結していることが多い。しかしその困難さの自覚こそが，学生自身の成長や変容への扉を開く可能性を秘めているのである。このように，大学生活は学生自身が大学で何をどのように学ぶのかという目標や，どのような社会人になるのかという将来像を描くこと，そして，自分自身の弱みと強みを引き受けて生きていくことへの自覚をもつことなど，アイデンティティに関わる大きな節目に対峙している時期であるといえる。支援室での関わりは，このような人生の節目にあたる青年期の学生の心的成長を支援することを目標としている。彼らが自身の特性を理解し，肯定的な自己像をもつための心理教育は，ASDの学生支援にとって非常に重要なテーマである。

本章では，発達障害大学生に有効な心理教育的アプローチについて概観するとともに，富山大学が行っているナラティブ・アプローチに基づく心理教育法の確立とその理論化を目指す。

Ⅱ　心理教育的アプローチ

　教育の分野における心理教育は1950年代の初期から，主として非行など攻撃的行動をもつ子どもへのヒューマニスティック・アプローチとして開発され，発展してきた（平木，2007）。このアプローチが「心理教育」といわれるのは，自己および他者理解の促進と相互信頼の環境づくりという「心理的」な支援の部分と，新しい行動の習得という「教育的」な支援の部分を併せ持つところにあり，プログラムは現在に焦点をあてて作られ，内容は未来志向的であるといわれている。国分（1998）は，心理教育をサイコエデュケーションという言葉で学校教育界に紹介し，グループアプローチとしてアサーションやソーシャルスキルトレーニング，構成的グループエンカウンターを定着させた。

　一方，医療における心理教育とは，疾病や障害など慢性で受容しにくい問題をもつ人たちやその家族が，問題や困難さを抱えながらもよりよく生きるために必要な，①知識・情報，②対処技能，③心理的・社会的サポートを手に入れることができるように構成された援助プログラムである（福井，2007）。心理教育の目標は，そこに参加した者が，自分がもともと持っている力に気づけるようになること，少しでも希望がもてるようになり，問題を抱えていても"な

んとかやっていけそう"と思えるようになること，自分がどうしたいかを具体的に考えることができるようになり，自分に必要なことを自分で選び取ることができる力がつくことであるといわれている。つまり，自分自身の問題を客観的に捉えることができ，希望をもって未来志向的に考えをめぐらすことができるようになることが心理教育の目標となる。

　このような教育的側面と医療的側面から心理教育を見た場合，共通する点は，「心理教育とは，環境適応上，または情緒的・行動的困難をもった人へのコミュニケーションとケアなどの技法を活用した心理的，治療的，予防的，社会的サポートである」という点であり，相違点としては，「前者は教育者や大人による子どものニーズへの理解と支援という側面が強調されるのに比して，後者は専門家，患者，家族がお互いにもてるものを最大限に出し合って，それぞれが対等にその専門性を発揮することが強調されていること」を挙げることができる（平木, 2007）。

　発達障害児・者に対する自立支援のためのプログラムに TEACCH（Treatment and Education of Autistic and related Communication-handicapped Children：自閉症及び近縁のコミュニケーション障害の子どものための治療と教育）があり，ASD の人とその家族，関係者などを対象に展開されている。TEACCH は上述の心理教育の理念を包含したプログラムであり，ASD に対するもっとも実践的で優れた教育・療育プログラムとして，さまざまな年齢層に対応可能であると評価されている（齊藤・早川, 2007）。TEACCH は ASD の人々が社会で生きやすい環境を整えるための支援方法であり，その考え方は，以下のように示されている。①理論ではなく子どもの観察から自閉症の特性を理解

する，②保護者と専門家の協力，③治癒ではなく，子どもが自分らしく地域の中で生きていくことができることがゴールである，④正確なアセスメント（評価），⑤構造化された指導法の利用，⑥認知理論と行動理論を重視する，⑦スキルを伸ばすと同時に弱点を受け入れる，⑧ホリスティック（全体的）な見方を重視する，⑨生涯にわたるコミュニティに基礎をおいたサービス（内山，2006）。ASDの社会的対人関係能力の向上やコミュニケーション教育だけでなく，支援者側の態度や環境調整も含めた支援を包括的に行うものであり，どのような年齢層の人，あるいはどのようなタイプの自閉症にも適用できる優れた支援プログラムである。

　これらの先行研究を概観すると，教育分野のアプローチとして挙げられたものは子どもを対象としたプログラムが主流であり，プログラム自体が青年期の発達段階にいる大学生の実態にそぐわないものが多い。特に未診断の大学生や，診断はあるものの自分自身の特性を認識していない大学生の場合，これまでに，うつや不安障害などの二次的問題を形成していることが多いこともあり，あらかじめ通常の大学生を想定したような枠組みのあるプログラムでは，むしろ不安を増強させてしまうことになりかねない。発達障害大学生への心理教育には，これまでのネガティブな体験による心理的抵抗感を前提とした，心理療法的で発達促進的な要素を盛り込んだプログラムが求められる。彼らの自尊心を尊重しながら，自分自身の特性に対する認識を深め，社会的自立に向かうことを可能にするような，心理教育の在り方に対する理論構築が必要である。

　医療分野の心理教育は，「慢性的な疾病や障害」を前提としており，発達障害の特性に合致しない点があるように思われる。発達障害の

特性は関わりによって状態像が変容する可能性があり，環境との関係で特性のあらわれ方が異なってくる性質のものである。また，障害の程度は本人だけに還元されるものではなく，周囲の人々との相互作用によって規定されるものであり，そのこと自体，「慢性的な疾病や障害」という概念にそぐわないものである。

　私たちが考える心理教育は，青年期の発達障害大学生に特有の問題に焦点化した支援メニューであり，これまでの心理教育では十分に取り上げられていない年齢層の人々をターゲットにしたアプローチである。その特徴は，①青年期の発達段階における ASD の特性をもつ大学生への支援であること，②ニーズの理解と把握は学生本人の主体的な関与によって行われ，そのための学生自身の語りを尊重すること，③学生を教育や治療の対象とするのではなく，学生と支援者が相互に理解し合う関係性を基盤とした対話の相手と捉えること，④ ASD の大学生は発達し，特性のあらわれ方は変容するものと捉えること，⑤個人の変容と環境（社会）の変化を両輪とみなして進めていく必要があること，である。いい換えれば，心理教育の目標は，コミュニケーション上の困難さをもつ学生が自己の行動を振り返り，起こっている問題を理解し，その状況における困難や問題が少しでも解消していくことを目指すことにある。その際，学生自身の問題の原因となる特性をなくすことを目的と考えるのではなく，本人の優位な認知特性を活用しつつ，自己理解を促進するという視点を重視し，本人なりのリソースを活用して問題に対処できるように導くことが支援の目標となる。このような支援においては，支援者と当該学生との会話をどのように展開していくかが重要であり，お互いの気持ちや意図が本人が意図したように相手に伝わる必

要がある。発達障害大学生との会話では，図や絵などの視覚的情報を媒介にすると，言葉の意味がより正確に理解できるとともに，誤解やまちがった伝わり方を防ぐことができる。

　発達障害大学生に対する心理教育的アプローチの目標は，「学生自身が支援者と対話をすることによって，自分がもともと持っている力に気づき，肯定感をもって自分を認識できるようになること」，「将来の自分を想像し，今の自分に何ができるかを具体的に考えることができるようになり，自分に必要なことを自ら選んでいこうとする意識が育つこと」，「困った時には理解者に相談し，援助を受けることができるようになること」とまとめられるのではないだろうか。発達障害大学生の場合，この目標を達成するための支援者の伴走は必要であり，学生と支援者が一緒に課題を整理し，学生が実行したあとで一緒に振り返り，よかった点と改善した方がいい点を整理し，新たな試みに挑戦するという循環を丁寧に導いていく必要がある。その経験の蓄積は知識となって蓄えられていき，ゆっくりではあるが確実に，学生自身の実行できる知恵として醸成されていくものと考えられる。

　このような支援の在り方を支える理論として，私たちはナラティブ・アプローチを採用している。私たちは発達障害大学生の自己理解を促進する心理教育的アプローチの基盤にナラティブ・アプローチの考え方をおき，「二者間の関係性を構築するためのアプローチ」を進めている。また，個々の事例においては，①支援の方向性や調整，評価に関する関わりと，②自己理解に関する個別的なアプローチを実践し，このような取り組み全体を，「心理教育的アプローチ」と定義し実践を重ねている。

Ⅲ　心理教育を支えるナラティブ・アプローチ

　私たちは，青年期にいたる発達障害大学生にふさわしい支援の方法論をナラティブ・アプローチに学び，実践している。支援が学生と支援者との対話から始まることを考えれば，彼らを自分の人生を物語る語り手として尊重し，主人公としての彼らの物語に耳を傾け，対話の中で「基盤としてのナラティブ」（斎藤・岸本，2003）を明確にしていく必要がある。しかしながら，支援を求める学生は，私たちの前に座って自分の苦しい胸の内を伝え切れないことが多い。私たちは学生の言葉にならない言葉を，彼らの存在すべてから感じ取りたいと願い向き合っている。彼らの心の内を想像する。何も話したくない気分かもしれない。誰も助けてくれないと絶望しているかもしれない。伝えたいのに言葉が見つからないのかもしれない。自分に対する怒り，他者に対する怒り，思い出したくない過去の自分，そして，未来の自分に対する不安……。私たちは，心の動きをどう表現してよいかわからない困惑を抱えた彼らと向き合っていることを忘れてはならない。私たちは学生の不安や困惑をけっして簡単なものとして扱ったりはしない。

　私たちは，学生との対話を促進するようなさまざまな工夫を行っているが，そのなかでも有効な方法は，学生が興味をもっているテーマを語る場を提供することである。苦しいことは言葉にならないが，好きな趣味の話や興味をもっていることだったら話は弾む。直接的な支援につながらないような話であっても，彼らの体験世界

を知るためには，強く惹かれることに耳を傾けるのが一番なのである。対面式のコミュニケーションが苦手な学生には，オンラインサポートを提供している。富山大学PSNS（第3章参照）で，支援者と本人がテクストレベルでの交流をもつことができる。言葉での表現がうまくできない学生も，PSNSで日記を書くことを通して，自分が表現したかったことがより明確になるという学生もいる。「PSNSで日記を書くとすごく時間がかかる。でも，時間をかけて思っていることを書いているうちに，自分がこんなことを思っていたんだと気づく」という。支援者にとっても学生のテクストレベルでの表現が，より深く彼らを理解するチャンスとなっている。対面式ではほとんど話をしない学生が，PSNSではウイットに富んだ文章を書いてくれたり，内面的な叙述を書いたりしてくれることもある。面談で言い足りなかったことを日記に書いてくれることもあり，支援者としても，本当はこんなことを伝えたかったのだと感動を覚えることもある。言葉に厳密なASDの学生は，時間をかけて気持ちや考えを言葉にする必要があるのかもしれない。オンラインでのコミュニケーションで共有された内容は，対面式（オフライン）のコミュニケーションの場でも話題にしていく。そうすると，対面式のコミュニケーションだけだった時よりも，はるかに会話が弾むことが実感できる。

　コミュニケーションにおいて大切なことは，お互いに意味を共有しつつ言葉を交わしているという実感を，お互いがもつことである。学生は語る機会が与えられ，十分に支援者に聴きとられ，安心できる場における対話によって，固定化された「基盤としてのナラティブ」は徐々に「新しい物語」へと変化していく。これまでの言葉に

ならない不安や困惑は，物語的に対象化されることによって，心理的な距離感をもち，対処可能なものに変容していくのである。

このように学生と支援者の間で行われる対話そのものが援助的であり，単に困りごとをなくすだけの支援ではなく，彼らのアイデンティティの確立を促進する心理教育的サポートとしての意味があると私たちは考えている。

Ⅳ　問題（problem，あるいは difficulty）に対する対応事例

本節では，いくつかの代表的な支援事例を挙げて，ASDの学生がおちいりやすい状況と，それに対する支援方法を実例に即して述べる。

1.　安定した居場所

大学では，高校までのように居場所となるクラスがなく，担任と毎日顔を合わせることもない。授業に応じて教室を移動し，空き時間はどこか場所を見つけて待機しなければならない。また，授業ごとに学生の顔ぶれは変わり，教室の大きさも学生の数も変化する。このような不安定な環境はASDの学生には大きな心理的負担となる。この時期，新しいことへの不安感が強いASDの人は，大学に通うだけで精一杯な状況であることが多い。そのような時に誰かとぶつかってしまったとか，教室移動の時の人混みに巻き込まれてしまったというような突然のできごとに，精一杯でギリギリこらえて

いた緊張の糸がぷつんと切れてしまうような感覚，あるいは，一杯になったコップの水に最後の一滴を落としたような感覚でパニックになる学生もいる。ある学生は，「ほんの小さなできごとがきっかけでパニックになってしまうことがある。そのできごとは単なるきっかけにすぎない。本当に大変なことは毎日，普通に大学に通うことであり，普通に勉強すること。みんなが普通にできていることができない自分に耐えるのに精一杯」と語る。野邑（2007）は，「広汎性発達障害児・者は感覚過敏状況や周囲の状況がわからず混乱している状況など日常生活自体が外傷的な体験である場合も少なくない」と述べているが，われわれの支援している学生にもそのような状況にある学生は多い。彼らは，「授業中はいいが，昼食時間や空き時間のすごし方がわからない」と，目的のないあいまいな状況に困っている場合がある。支援室ではそのような時間をどのようにすごすかについて話し合うとともに，支援室をその時間に活用することを勧めている。そこは困った時に立ち寄ることができる場所であり，立ち寄った時に必ず支援してくれる人がいることが大きな安心感につながり，疲労した身体や気持ちに休息を与えることにつながると考えている。

■突然体調が悪くなるE君

E君は人混みを歩くのが大変苦痛です。中学生のころ，後方から押されて倒れてしまった経験があるので，人との距離が縮まると恐怖心をもってしまうのです。教室移動の時は，大学構内は人がいっぱいになります。人混みを避け，遠回りをして授業に向かおうとすると，あっという間に時間が経ってしまいます。遅刻を3回したらテストを受け

る資格がなくなるといわれている授業の時は，それだけで緊張してしまいます。それが予期不安になり苦しさが倍増します。あわてると呼吸が苦しくなり立っていられなくなります。そういうときは，ヘナヘナと地面に座り込んでいましたが，そうすると周りに人だかりができ大騒ぎになってしまいます。支援者はE君と一緒に構内を歩き，どういう状況で苦しくなるのか原因を探りました。その結果，人混みだけでなく，人の話し声や大きな音が急に聞こえてくる状況で苦しくなり，歩けなくなってしまうということがわかりました。E君は，「そういえば聴覚過敏があります」と言い，苦しくなる要因が複数重なるとパニックになってしまうことがわかりました。E君は，「それがわかっただけでも気持ちがすっきりした」と安心した様子でした。E君は当初，定期的に支援室に相談に来ることを拒んでいましたが，支援者はE君と話し合い，苦しくなったら支援室に来るだけではなく，苦しくならないための方策を考える面談を提案しました。E君は，構内の喫茶店が気に入って利用していたのですが，それ以外の居場所として支援室を活用するようになりました。支援者と修学について話をしたり，予習や課題をしたり，趣味のことを話す場になっています。このように，支援室を訪れる時間をスケジュールに組み込むことで，この時期は予定した単位を取得することができました。

2. 履修科目の決定

　大学の授業は，基本的に学部や学年ごとに履修する科目は決まっているが，どのように時間割を組み立てるかは個人の判断に任せられている。ASDや注意欠如／多動性障害（ADHD）傾向の学生は，助言をまともに受けとめ，混乱する場合がある。たとえば，入学直

後のオリエンテーションで、係の人から「大学生は自立的に動いて下さい。なるべく早めに単位を取っておかないと、あとで卒論や就活で忙しくなって大変なことになります」という言葉を素直に受け取ると、空き時間なしに授業を入れてしまうことになる。むしろ、「空き時間があると、かえってその時間どうしてよいかわからないので、授業を入れておきたい」と言う学生もいる。また、「自立的に」という言葉に反応して、誰かに尋ねることも恥ずかしいことだと思って、わからないところをそのままにしておく学生もいる。このようなASDの特性をふまえ、支援者は学部ごとの大学生活全体を解説し、前期と後期、または1年目から4年間の流れを大まかに説明する。そして、4年間でバランスよく単位を取っていくことを提案している。支援者のアドバイスを聞いても本人がそのことを受け入れるまでには時間がかかるため、とりあえず本人が取りたいという授業を登録していくことになるが、1日のスケジュール、1週間のスケジュールを見渡しながら、本人に合った時間割を作っていくようにしている。学生は、自分に合ったスケジュールを作りながら自分の生活全体をイメージし、これまでの体験を振り返る作業をすることになる。この機会に初めて過去の体験を振り返り、言語化するとともに、そこで確認し合ったことをこれからの行動に活かしていくという体験をする学生も多い。

■履修調整したF君

　　F君は、この4月から復学してきたアスペルガー症候群（AS）の学生です。昼夜逆転気味の生活を続けていたのですが、新学期から心機一転がんばろうと決心し、1限目から授業を入れました。4月中は緊張感も

あって順調に進みましたが，5月連休後は休みがちになってきました。支援者は，「無理をしないで，時間割の見直しをしませんか？ 1限目からではなく3限目から授業に出て，徐々に身体を慣らしていきましょう」とアドバイスをするのですが，F君は，「4月はできていたんだから大丈夫です。体調が悪いだけですから，それが治れば1限目から出席できるようになります」と言ってアドバイスを聞き入れませんでした。F君は，「気合いを入れるために夜通しゲームをしたり，本を読んだりして脳を活性化してみた」と言いますが，それは効果的な方法とはいえません。そうすることにより，F君はいっそう疲れてしまい，ついにすべての授業に出られなくなってしまったのです。

　支援者とF君は1週間の時間割と体調との関連について振り返ることにしました（5-図1）。うまくいっているのは，木曜日や金曜日のように，授業と授業の間に空き時間があって，気分転換をすることができる時であること，また，支援室で趣味の話をしたり，振り返りの時間をもつことが，いい結果につながっていることがわかってきました。6月に入り，時間割を大幅に見直すことになりました。1限目の授業は出ないことに決め，受講数を減らし，決めた授業には必ず出席することにしました。これで罪悪感はなくなったようです。決めたことにはこだわりの強いF君でしたが，できなかったことに焦点をあてるのではなく，うまくやれている時の状況を一つひとつ描き出し，対話を続けることにより，自分の体調と気分を考慮しながら，授業科目を選択することができました。このような体験をふまえ，次期の時間割は，最初から体調を考慮したものにすることができました。

出席予定表

前期

	月曜日	火曜日	水曜日	木曜日	金曜日
1限	専門Ⅰ	教養Ⅲ			専門Ⅳ
2限	語学Ⅱ	教養Ⅳ	教養Ⅴ	体育実技	
	昼休み				
3限	専門基礎ゼミ	語学Ⅰ会話		語学Ⅱ G	語学Ⅰ
4限	教養Ⅰ	専門Ⅱ演習			専門Ⅱ
5限	教養Ⅱ	専門Ⅱ演習		専門Ⅲ	

見直し後の出席予定表

出席科目		リラックス・趣味

前期

	月曜日	火曜日	水曜日	木曜日	金曜日
1限 8:45〜			支援室	支援室	
2限 10:30〜			教養Ⅴ	体育実技	
12:00〜	昼休み				
3限 13:00〜	専門基礎ゼミ				語学Ⅰ
4限 14:45〜	教養Ⅰ	専門Ⅱ演習		学内カフェ	専門Ⅱ
5限 16:30〜		専門Ⅱ演習		専門Ⅲ	

5−図1

3. 自分の生活全体を管理する

　大学は自己管理能力を必要とされることが多い。生活の管理，持ち物の管理，時間のマネジメント，スケジュール管理など，常に時間軸の中で自分自身を管理していく必要がある。ASDの学生は決まったスケジュールをこなしていける場合が多いが，ADHDの傾向をもつASDの学生は，自分自身のマネジメントに苦労することが多い。

■自己管理が難しいGさん

1）支援が始まるまで

　Gさんは，理系学部の3年生です。小学校の時から感覚過敏，多動傾向があり，授業中に折り紙を折ったり，空想に浸って課題に取り組まないなどの問題があり，担任から注意を受けることがありました。高校では少人数の特進クラスで個別的な指導を受け，非常によい成績で大学に進学し，入学後1年間は順調に学業に取り組むことができました。ところが，2年生の前期になって課題が多くなり，これまで以上に時間をかけてがんばってもつぎつぎと出される課題に対処できなくなってきました。Gさんは徹夜でがんばりましたが課題を消化できず，レポートが未提出のままになったり，テスト勉強ができないなど学業上の問題が山積し，このような状態への焦りと寝不足や疲労で体調を崩してしまい，見かねた母親から支援室に支援依頼があったのです。Gさんは，小学校の時にASの診断を受けており，本人は告知を受けています。支援者が母親からの生育歴を聞くとともに，エピソードから行動特性を分析した結果，ASの特性のほかに，不注意優勢型

のADHDの傾向も併せ持っていると判断しました。

2) 修学上の問題点

　　Gさんと母親，支援者は現状を整理した結果，困難さは以下のポイントに絞られました。

- 教科書と副読本の区別がつかなくなり，何を中心に勉強していいかわからなくなります。また，たくさんある配付資料の整理もまったくできません。同じような科目名の授業が多く，複数の教員が授業を担当するので，なおさら混乱してしまいます。
- 教員の口頭での指示が聞き取れず，勘違いや聞き漏らしがあります。期末試験の時，レポートだと思っていたのにテストだったということもありました。そのときはテスト勉強をしていなかったので，単位を落としてしまいました。
- 講義中の教員の言葉から別のことを連想してしまい，はっと気づくと30分ほど時間がすぎていたということもよくあり，内容がわからないままの部分があります。ノートもところどころ抜けた状態です。復習しようとしても未完成なノートを前に途方に暮れてしまいます。

3) 支援方針を立てるための話し合い

　　大学はGさんの支援願いを受け，Gさんの特性に配慮した環境を整え，修学に関する困難さを解消し，他の学生と等しく修学の目的を達成するための対策を講じる必要がありました。私たちは直接支援に関わるメンバーで支援チームを作りました。コアになるメンバーは，本人と家族，支援者で，細かな情報共有を行い支援方針を確認します。コア・支援チームの話し合いは1週間に1回，定期的に行われ，計画通り実行されているかどうかを確認する場になっています。もし，うまくいかなかった場合は，なぜうまくいかなかったのかを確認し合い，別の方策を考えていきます。このほかにも，本人と支援者の情報共有

の場として，オンラインの支援コミュニティを作成しました。コア・支援チームは，Gさんの修学がうまく実行されるように具体的な支援を行う場となっていきます。

4）具体的な支援

●学部への配慮願い

　Gさんは配付資料の管理と授業中に聞き漏らしてしまうことに関して，努力してみましたが結局うまくいきませんでした。私たち支援員は，これらの問題は彼女の特性に起因する困難さであると捉え，実際に授業を担当する教員の理解を求めるために，支援の範囲を拡げ，拡大支援チームを形成しました。コア・支援チームのメンバーと学部教務係，担当教員がそのメンバーになります。話し合いの結果，①配付資料に教員名と日付を入れる，②授業にICレコーダーの持ち込みの許可をする，という2つの配慮事項を学部で検討してもらうことになりました。まずは，学部教務委員会で検討し，その後，教授会で審議され，2つの支援願いが認められることになりました。

●自己管理に関する支援

【スケジュールの確認と管理】

　Gさんとの面談は週1回定期的に行われ，Gさんが確実に実行できる対処法を見つけるための話し合いをもちました。Gさんが自分自身のスケジュールを調整することができるような方法を一緒に考えるのです。まずは，Gさんが気に入った手帳を使い，支援室で話し合ったことを記入していきました（5-図2）。レポートの作成は，締め切り日を記入し，レポートに取り組む日も決めてスケジュールに書き込みました。テストに関しても同様で，テスト勉強をする日時を手帳に書き込んでいきます。スケジュールが重なっている場合，どれを優先させるかを話し合っていきます。大学の課題だけではなく，家族との予定も書き込み，手帳のうえで日程調整をする練習を積んでいきました。

5－図2　　　　　　　　　　　5－図3

　ICレコーダーを活用して授業の復習をする時間もスケジュールに入れ，配慮してもらったことが活かせるように，そして確実に成果に結びつくようにしていきました。
　また，ここで確認した予定は，家にある家族カレンダーにも書き込み，家族でお互いに確認し合えるようにしました。書き込まれた予定は，前日に確認するとともに，当日の朝にも再度確認します。家族がそれぞれにカレンダーを活用しているので，気づいた人がお互いに声をかけ合うようにします。
　手帳に書ききれない内容があったり，直前に予定を忘れてしまったりする場合があります。そこで，面談の中で決まった事柄を富山大学PSNSのコミュニティに書き込み，支援者がオンラインで確認することができるようにしました。もちろん，GさんもPSNSから面談内容を確認することができますし，手帳を見ただけでは内容を思い出せない場合も，PSNSで詳細を確認することができます（5－図3）。また，面談の前日に支援員が確認の書き込みをするとGさんのパソコンや携帯電話に自動的に連絡が入るので，ついうっかり忘れてしまうということもありません。はじめは支援員が記入しましたが，その後，面談の最後にGさん自身が記入するようにしていきました。

5-図4　　　　　　　　　5-図5

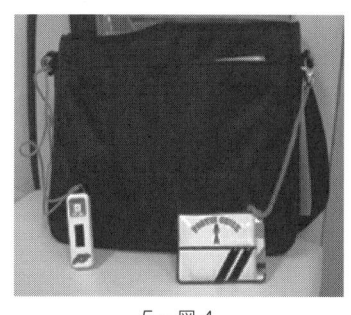

【持ち物の管理】

　持ち物は毎日もっていくものと曜日ごとに変わるものがあります。それまでのGさんのバッグは布製の柔らかい素材にものだったので，大事な書類がクシャクシャになってしまい，必要なものがなかなか見つからないという状態でした。そこで，内ポケットがたくさんあるしっかりした素材のショルダーバッグに変えてもらいました。このバッグは毎日の通学に使うものが入っており，曜日によって中身を変える必要はありません。バッグには毎日必要な定期入れとICレコーダーをひもで固定し（5-図4），必要がある時に中から取り出して使用するようにしました。このバッグには学生証や図書館利用証など重要なもののほか，提出する重要な書類やレポートなどを入れるクリアファイルを常時入れておき，他のものにまぎれてしまわないように工夫をしました。次に，毎日の授業で使う教科書やノート，配付資料などを入れるためのバッグを曜日ごとに替えてみました（5-図5）。毎日入れ替えをしないですむので，資料や教科書が他の授業科目と混同することがなくなりました。

　このような工夫は，Gさんの日常的なストレスを軽減する結果となりました。多くの時間をスケジュールや持ち物の管理に費やしていたGさんでしたが，その時間を学習や趣味の時間にあてることができる

ようになりました。

【定期面接で確認】

このような支援は定期的・継続的に行われる必要があります。うまくいかなくなった時だけ支援を行うのではなく，定期的な話し合いの場をもち，確認し合い，短い期間で振り返りを行うことが，大きな失敗体験を防ぐのです。面接では支援員が一方的に指示するのではなく，Gさんの言葉を引き出し，状況を整理するための質問や確認の仕方を工夫して，Gさん自身が実態を客観的に捉えることができるように対話を続けていきます。たまっていく課題に圧倒され，途方に暮れていたGさんでしたが，自分なりに工夫すればうまくいくことを体験し，自己管理のための時間を積極的に取るようになりました。面談では自ら手帳を取り出しスケジュールを書き込んだり，参考にしたい言葉をメモする姿を見ることができました。うまくいかなかった時に落ち込むことが多かったのですが，「どうしたらうまくやれるだろう。何かいい案があるはずだ」と別の方策を考えようとする姿勢が見られるようになりました。

振り返って：障害特性を丸ごと受けとめた支援

　私たちは，Gさんが最後に表現したように，「どうしたらうまくやれるだろうか」という視点から支援方法を考えていくようにしている。その際，当該学生の特性が現実場面でどのようなあらわれ方をし，問題となっていくのか，シミュレーションしながら理解するようにしている。そうすると学生がどのようなことで困っているのかがよく理解でき，安易に支援者の視点で解決方法を提示することは得策ではないということがわかってくる。Gさんは，うまくいくための方策はすでに知っている場合が多い。しかし，その知恵を必

要な時に活かすことができないのだ。実行そのものが非常に難しく，このことが原因でこれまでにいくつもの失敗を重ね，叱責されているのである。うまくいく方法がないようなあきらめにも似た気持ちが，さらに状況を悪くしている場合もある。このような内的状況はGさんだけでなく，多くのADHD，あるいは注意欠如障害（ADD）の学生が体験しており，そのために自分自身への信頼感や達成感を感じる機会を失っている。支援に必要なことは，学生がもっている障害特性を本人の全体性の中で丸ごと受けとめ，そのうえで，「どうしたらうまくやれるだろうか」という視点から支援方法を考えていく姿勢である。実行を可能にするためのアイデアは，本人との対話の中から必ず見つかるものである。肝心なのは，本人も気づいていない解決のためのリソースを本人の中から探し出すこと，本人との対話から実行可能なレベルに仕上げていくための支援者の柔軟な感覚と発想力である。

Ⅳ 課題を通した心理教育的アプローチ

　実質的な修学支援が進んでいくなかで，学生は目の前の困難さに対処する力がついてくる。以前よりも支援の量が減り，修学に関しては自分の力でできるようになると，次にテーマとなるのは「自分自身のことを知りたい」という内的世界の理解と自己感覚の獲得である。発達障害大学生の場合，外的な世界への適応が順調に行われ，自分自身をうまくコントロールできるようになったと実感できる段

階にきた時に初めて，内なる世界を直視できるようになるのではないだろうか。

■ Hさん：自分の特性を見つめ，落ち着きを取り戻していくまで

　コミュニケーション上の問題を抱えている学生だが，医療機関にかかったことがない。特別な支援が行われないまま大学に入学してきた学生。2年生の前期後半から支援室につながり，修学支援を行った。人間関係がうまくいかないとその不安や怒りを内側に向けてしまうタイプである。自己否定感が強く，イライラした感情をどのように処理してよいかわからず，そのことを考えると将来の自分にも希望がもてなくなっている状態であった。支援室を安全基地（居場所）として利用し，複数の支援員との対話により，少しずつ言語表現ができるようになっていき，落ち着いていった。以下に記述するエピソードは，支援が始まって1年ほど経った時，ようやく自分自身をテーマに話をし始めた時のものである。

1) 自分の性格を変えたい（H：学生，支：支援コーディネーター）
　H：自分を他の人から見て変に見えないようにするのが大変。
　H：失敗は怖いくせに，なんでこんなことをするのかわからない！私は場所をわきまえない。意識を集中させたくないのか，電車に乗っても目を開けていない（目を閉じながら話す）。目を全部閉じているわけではないが，人の顔は見ていない。
　支：見ないようにしているのかな？
　H：わざと見ていないんです。私は人を見るのが嫌い。
　支：顔を見るのが嫌いなの？
　H：嫌な顔をされるのが嫌。嫌な顔をされるのは，人から嫌われてい

5－図6
Hさんの書いた人物画をイラスト風にアレンジしたもの

るという認識がある。人が怖い。だから，シャッターを下げる。遮光幕のようなもの。(と言いながら目を閉じる)。自分の癖は人から見て変だと思う。よくやっていることを鏡の前でやってみたら，「あっ，（他の人は）これ気になる」と思った。

支：そうなんだ，自分のことを鏡に映してみたんだね。うん，ある程度は誰にでもある癖みたいなものだよね。

H：（ほほえみながら）そういえば，先生にもありますね。

支：そう，みんなあるものかもしれないね。

H：うん。私の場合，その場に応じた使い分けができていない。だからみんなに嫌われるのかな？　大勢の人の前でぼーっとしたり……。人前でいいところを見せようとする気がない。

H：自分の性格が少しずつわかってくる。自分を変えたい。今のままじゃ何もできない。最初は，自分のありがちな「しぐさ」を変えようと思ったけど，性格までいっちゃった。

支：自分を変えたいっていうところを詳しく教えて欲しいんだけど。どんなふうに変わっていきたいのかな。じゃあね，まずはここに今の自分を描いてみてくれる？

H：（自画像を描き始める。楽しそう）

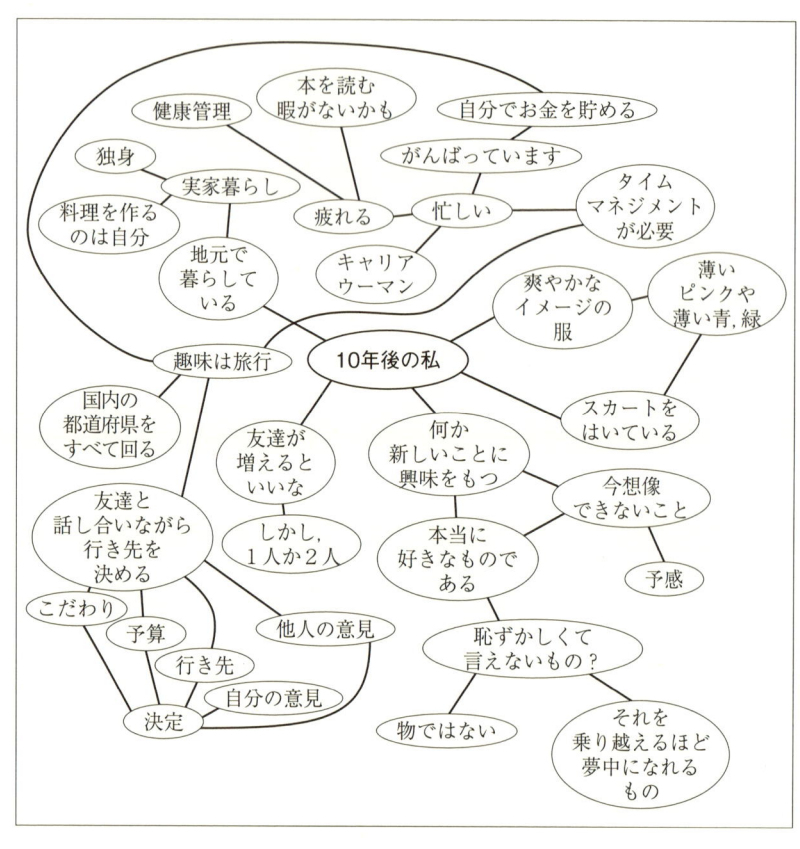

5－図7

支：次に，10年後のHさんはどんなふうになっているだろう。描いてみて？

H：（すぐに描き始める）（5－図6）

支：スカートをはいているんだね。柔らかい印象だね。

H：薄いピンクか緑色のブラウスで，スカートもはいている。

支：優しい色だね。それじゃ，10年後はどんなHさんになっているか書き出してみる？

H：はい（と言い，書き始める。）(5-図7)

ウェビングで書かれたものを文章に書く。

> **10年後の私**
> 　10年後の私は薄いピンクや緑色のさわやかな洋服を着て，スカートをはいているでしょう。キャリアウーマンとして忙しく働いています。好きな本を読む時間もないほど，忙しくて疲れるかもしれないけれど，お金を貯めるためにがんばっています。たぶん，地元で生活していて，独身で実家暮らしです。料理は私が担当しています。趣味は旅行で，日本中の都道府県を旅しているでしょう。友人は少ないかもしれないけど，行き先を一緒に考えて，それぞれのこだわりを尊重し合い，予算も決めてどこに行くか決定します。何か新しいことに興味をもっていると思います。今はまだ想像できないけれど，本当に好きなことに出会えるはずです。誰にも言えないような恥ずかしいことではなく，本当に夢中になれることに出会える予感がします。

支：素敵な女性だね。
H：そう，きっと何か夢中になれることに出会えるはず。
支：そんな大人の女性になりたいというHさんの気持ちが伝わったよ。今のHさんのいい点をそのまま大切にしていけばいいし，気になるところは，少しずつ直していけばいいね。
H：そうですね。（にこやかに話す）

> **振り返って：ネガティブなアイデンティティの陰に潜む肯定的な自我**
>
> 　Hさんは，支援が始まって1年経ったあたりから，大学生活で感じた対人関係上の問題をよく語るようになった。「何となく感じる周囲の人との違和感」をようやく言葉で語ることができるようになったといえよう。ところが，その捉え方は一面的であり，事実とは異なったものだったり，他者の断片的な言葉の一部を捉えて自分なりに判断したものであることが多い。Hさんの自己否定的な語りを，現時点での彼女の基盤としてのナラティブとして受けとめつつ，「性格を変えたい」という言葉の意味をより深く理解したいと考え，「今の自分」と「10年後の自分」の人物画を描いてもらった (5-図6)。今の自分は目の前にいるHさんそのものであり，等身大の女子学生に見えた。そして，10年後のHさんは柔らかな印象の素敵な女性のイメージであった。小学校時代からいじめや排斥があり，不安な時期をすごしてきたHさんではあったが，きっと彼女を支えるいいモデルとなる女性がいたのではないだろうか。「本当に好きなことに出会えるはず」と，未来の自分に夢を抱く自己像をもっているHさんの文章に，言語化された言葉の後ろに隠れているもう一つの肯定的な基盤としてのナラティブを垣間見ることができたように思う。

2）ぶきっちょな私

　（インターンシップの後，不安定な状態が続き，支援室に頻繁に訪れるが，そのことに触れたがらない状態が続く。気になっているけど，言葉にできないのかもしれないと思い会話を始める。）

支：インターンシップはどうでしたか？

H：うーん……環境関係もいいかなって思った。研究職も向いているかなって思う。人にも言われるし。本当に好きな研究だったら打

Hさんの鶴　　　　支援員の鶴
5－図8

ち込んでも大丈夫だと思う。でも，私はなんでも時間がかかる。やるのが遅くて，ぶきっちょだし。
支：時間がかかるのは，ぶきっちょなのかな？　丁寧にするからじゃないのかな？
H：私はテクスト通りにいかなかったらやり直しをするんです。みんな器用にやっているけど，私は自分のペースでやっていく。納得がいかないとやり直すの。他の人だったら些細なことと思えることが，自分にとっては気になってしまう。ずっと前からぶきっちょと言われていた。さっさとしなさい！　って。本当は，花びらを数えるのは苦手だけど好き。器用さを要求されることが本当は好きなんです。
支：そうなんだね。じゃあ，不器用かどうかがわかることって何かな？
H：折り紙かな（紙で折り鶴を折り始める）。
支：何を折るの？　鶴？（支援員も一緒に鶴を折る）
H：はい（熱中する）。
（折った鶴を比べて，5－図8）
支：う〜ん，これではHさんがぶきっちょだとは言えないですね。
H：うん……時間がかかるから，ぶきっちょに見えるのかな？（笑顔になる）

第5章　心理教育的アプローチ

振り返って：外在化するネガティブな確信からの解放

「私はぶきっちょだ」というテーマに，Hさんの過去から現在にいたる時間軸を超えた痛みを感じる。彼女自身の実感としては器用さを求められる細かな作業が好きで，植物の写生では細かい部分までよく観察して描くことに没頭していたという。でも，実際に彼女に投げかけられる言葉は，彼女のその場での実感とはかけ離れたものであった。何事にも丁寧で細かな部分にも納得がいくまでやり続けるHさんに対して，周囲の人は時間がかかるという一面だけを捉えて，「ぶきっちょ」という言葉を投げかけたのではないかと思われた。

一般的に，ASDの人は字義通りに言葉を受け取ると言われるが，言葉への厳密さが強いがゆえに，投げかけられた言葉が彼らの意味世界にストレートに入ってしまい，実際の言葉の定義に固定化されてしまうのではないだろうか。特に，ネガティブな言葉は，そのまま彼らのアイデンティティに直結し，自己否定感につながってしまうことがある。私たち支援者は，彼らの固定化した言葉の概念を，ネガティブな意味づけから解放させるための会話を展開していくのである。

実際には，Hさんの「ぶきっちょ」という言葉は，彼女のアイデンティティを代表するものではなく，彼女の実感ともかけ離れたものであり，しかも本人の実態をいいあらわすものでもなかった。そのことを本人が納得するためのプロセスが必要であり，新しい定義に置き換えられなければならなかった。そして，その新しい定義は，彼女のアイデンティティを代表するものであると彼女自身が実感するものであり，そのストーリーを描くためのアイデアが支援者には必要であった。

支援者は,「それ(ぶきっちょかどうか)がどうやったらわかる?」と問いかけ,Hさん自身に根拠を示す方法を選択させた。Hさんは自分が選んだ方法で試してみたからこそ,その後の支援者の言葉を受け入れることができたのである。「時間がかかるからぶきっちょに見えるのかな」という言葉は,このようなプロセスの中で,支援者とのやりとりがあったからこそ言語化できたものと考える。

　その後,Hさんは実験などで時間がかかってしまうこともあるようだが,「最後はデータの結果が気になるけど,まあこれでいいか！ と思って提出しました。実験は最後になっても,私なりに納得するまでします。時間ギリギリになりますけどね(ほほえみながら)。ちゃんとした結果を出したいから時間がかかるんです。みんなは早くて,なんでそんなに早くできるの？　って思うけど」と語った。それ以降,「ぶきっちょ」をテーマにした大きな心理的混乱はなくなった。

3) 未知との遭遇は不安

　3年生の後期の授業が終わったころ,就職活動や研究室配属など選択しなければならないことがいくつもあった時に,不安定な様子で支援室に訪れることが多かった。そのようななかでの面談である。

　　H：疲れています。研究室配属とか,将来のことを考えるのが辛い。何もしたくない(イライラした様子)。こういうことを考えると関係のないことをしたくなる。私は逃げている。どうやって向き合えばいいんだろう。向き合わなきゃいけないのにどんどん逃げている。……(中略)……自分は先のことを考えることがここまで嫌なんだとよくわかった。逃げちゃダメだとわかっている(頭を抱える)。

嫌だったことから昔から逃げていた。自分がどのように向き合えばいいか教えて下さい（突っ伏したまま）。

H：今までよかったと思えることがなかった。後悔はしないにしてもよかったということはなかった。向き合うことにトラウマがあるのかな。ただ怖い。未知との遭遇は倒れそう。私はよいことは気にしないで，悪いことばかり気にする。自分に不安。不完全な自分に不安。できないことがあるし，やれない自分がいる。自分にできることなんて，他人にとって当たり前のこと。そんなこと自慢して恥ずかしい。

支：たとえば，どういうこと？

H：しゃべること，人とのコミュニケーション。みんな当たり前にできている。ちゃんと話を聞くこと，姿勢を保ち続けること。私はソワソワしないと言えない。

H：一生のことを考えようとすると不安が出てくる。働くところを決めるのは怖い。でも，職を転々とするのは嫌。自分の信念と仕事がぶつかり合うのは嫌。だから，自分の好きなことを選ばない。仕事にすると信念がぶつかる。仕事を生き甲斐にしたいけど，好きになりすぎてはいけない。信念が出てきて，かえって辛いと思う。信念がぶつかり合わないことで，自分のモチベーションを高めていけるものが一番いいと思う。

支：普通よりも大好きな方に向かっているけど，少しだけのところなんだね（図であらわしていく）（5－図9）。

H：そう，このあたりのことなら大丈夫。苦手なことはそれ自体やっていく気がしない。

支：たとえば？

H：接客業とか，営業ですね。コミュニケーションを取ることが無理。教師もダメ。大嫌い。

将来の職業について

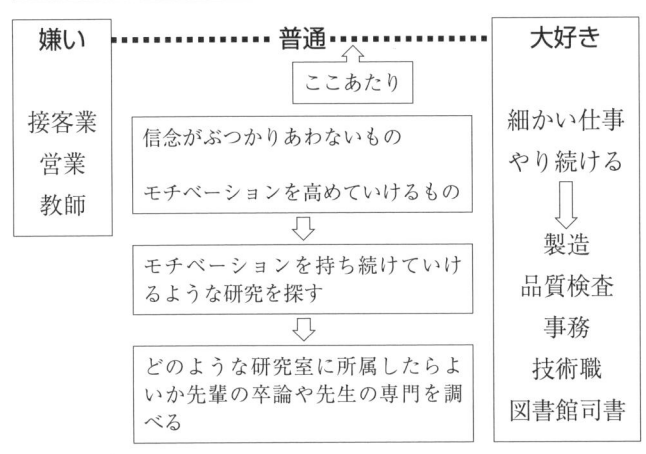

嫌い	‥‥‥ 普通 ‥‥‥	大好き
接客業 営業 教師	ここあたり↑ 信念がぶつかりあわないもの モチベーションを高めていけるもの ⇩ モチベーションを持ち続けていけるような研究を探す ⇩ どのような研究室に所属したらよいか先輩の卒論や先生の専門を調べる	細かい仕事 やり続ける ⇩ 製造 品質検査 事務 技術職 図書館司書

5－図9

支：そう……嫌いなことは接客業，営業，教師なんだね（図に加えていく）。

支：じゃあ，好きなことは？

H：大好きなことは細かい仕事ですね。それとずっとやり続けるようなこと。

支：たとえば，職種としては？

H：製造とか，品質検査とか技術職かな。事務や図書館司書は人と接するけど。

支：部署にもよるね。仕事としては好きなんだね。

H：はい。

支：このなかで，信念がぶつかりあわないようなもので，しかもモチベーションを高めていけることは何か探せばいいんだね。

H：そう，このあたりがいいなあ。

支：品質検査など，どんな作業ルーチンで進めるのか実際に体験して学ぶことは大切だし，研究室で学ぶことは可能ですね。また，ど

ういうことだったら自分のモチベーションを維持して取り組めるか，実際に試してみることは大事です．そういうことも含めて，研究室配属は重要だと思いますよ．Hさんがモチベーションを持ち続けていけるような研究を探すことが，そこにつながると思いますよ．

H：そうですね（落ち着いてくる）．研究室配属は大事です．

支：そう，学科の先生方の専門を調べてみるにもいいと思いますよ．先輩の卒論も見せてもらえますよ．

H：そうですね！ ……それと，今しなきゃいけないことは，自分のノートパソコンを買うことと，免許を取ること．パソコンは，親が買ってくれるんです（嬉しそう）．

振り返って：言葉を可視化することの意義

「未知との遭遇は倒れそう」というHさんの不安は，多くのASDの人たちが出会う不安感である．これまで経験したことがない新しいできごとには大きな不安が伴うのだ．学校教育でも4月の新学期を迎えるころに調子を崩したり，情緒的に不安定になってしまい，すでにできていたことさえもできなくなる人が多い．通常は新学期を迎えた時，担任が変わったり，クラスメートが変わったり，教科書が変わったりするものの，昨年と同じようなサイクルで教育活動が行われるであろうことは周知の事実であり，「未知との遭遇」というほどの実感を持つ人は少ないであろう．しかし，ASDの人々はたとえ同じようなことであっても場所や人が違ったり，内容が異なったりすれば，まったく新しいことできごとと同じように認識される．言葉に厳密であるということと同じように，彼らはこれから起こりうる未来のできごとに関しても不確実さは受け入れがたい不

> 安材料になり，明示的に時系列に示されないかぎり大きな不安につながっていくようだ。そのような不安感に対して，「未来のことは誰もわからないのだから，今から心配する必要はないよ」と簡単に扱うような態度をしたり，「あなたはコミュニケーションが苦手だから，営業は無理だよ」というように，一方的に方向性を決めつけてしまったり，「キミは品質管理みたいな職業が向いているね」というように，支援者の一存で特定の職業を伝えてしまいがちである。しかし，それではHさんの中にある，「未来との遭遇に対する不安感」を取り扱わないまま置き去りにし，そのような不安を持つこと自体を否定するような結果となってしまう。
> 　私たちは，Hさんの語りを丁寧に聴き取って不安の源を図式化し，本人が整理して考えをめぐらすことができるような手だてを講じた。Hさんによって言語化された不安を可視化し，それと同時にその陰に隠れている安心材料も可視化していくようなイメージである。整理された未来予想図により，ある固まりとなって布置され，Hさんの不安は解消されるわけではないが，それ以上肥大してしまうことはなくなる。そして，ようやく現実的な学業に意識が向いていく。

4) 私のよいところは？

　ある日の面談で，「そろそろ自分のよいところとか特徴をまとめると，どんな感じなのか見ていきたいです」と言うので，「20の私」のシートを利用して，自分のことを書いてもらう。

　「私のよいところは？」
　① 私は悩むと疲れた顔になる。

② 私は考えすぎる傾向があるといわれる。
③ 私は行動が遅い。
④ 私は不安になりやすい。
⑤ 私は話すのが苦手だ。
⑥ 私はわからないことがあると止まってしまう。
⑦ 私は考えをまとめるのが他の人よりも時間がかかる。
⑧ 私は人の話を1回で聞くことができない。
⑨ 私は人の話はメモを取らないとほとんど忘れてしまう。
⑩ 私は騒がしい場所では，話している人の話がよく聞こえない。
⑪ 私は人混みなのに他の人から見れば恥ずかしい行動をしている。
⑫ 私は嫌なことがあると顔に出やすい。
⑬ 私は自分で考えて行動するときの動きが遅い。
⑭ 私は自己中心的でわがままである。
⑮ 私は怒りっぽい。
⑯ 私は最近何か大事なことを忘れてしまうことが多い。
⑰ 私はやるべきことがわからない。
⑱ 私は何をしたいかがわからない。
⑲ 私は逃げたくなる。
⑳ 私は何で上手に話ができないんだろう？

H：⑬はテーマが曖昧なときに，「何をしよう……どうしよう……動けない」と思う。自由度が高すぎると何をしていいかがわからない。⑮は気に入らないことがあると，しかめっ面をするからです。

支：他の人はそんなときはどうしていると思う？

H：たぶん，友達としゃべって発散している。愚痴を言ったりして。気に入らないクラスメートのこととか。陰口を聞くと本人がそれを聞いたらショックだろうと思う。陰口は嫌い。陰口を言われた

人の気持ちがわかるから。そういうことで発散するのは嫌。たとえば，誰かを嫌いと感じるけど，私は人を嫌いとか好きとかいうモノサシを当てはめたくない。そういう振り分けが嫌い。固定化するようで嫌。「嫌いだから……」，「好きだから……」というように考えてしまう。

支：人を好き嫌いのモノサシで計りたくないんだね。その人を固定的に見たくないという態度は素敵なことだと思います。

H：⑳については，思っているのに理由が言えない。話をしようとすると止まってしまう。瞬時に考えられない。たとえば，小論文でストーリーが組み立てられないのと似ている。曖昧だと動けない。

支：そんな時，どうしているの？

H：話をする前に，「ちょっと，うまく言えないのですが……」と言ってから自分の考えを言うようにしている。そうすると，少し気が楽になる。

支：そう，そう！　それは私も言うことがありますよ。

H：そう（表情が明るくなり）。ちょっとずるいやり方かもしれないけど，そういうと少し気分が楽になるんで……。

支：ずるいことはないですよ。そのほうがうまくいくと思ったら使えばいいのです。ほかにも，「そうですね……」とか，「あのなんて言ったらいいのでしょう」って言う人もいますからね。大丈夫です。

　このようなやり取りをしながら，Hさんが語る自己否定的な叙述から，その周辺にあるポジティブな要素を引き出して再著述させていく。
　書き出したものをもとに文章化する。

第5章　心理教育的アプローチ

1. 私は話すことが苦手だと思っています。他の人がそう思っているかどうかはわかりません。苦手意識があるので，人と話をするときに前もって，「ちょっとうまく言えないのですが……」と断ってから話し始めるようにしています。
2. 私はわからないことがあると手が止まってしまいます。あるときは，頭が真っ白になって何も思いつかない場合で，またある時はいろいろ考えすぎて頭の中が整理できない場合です。そんなとき，周囲の人から，「止まっているよ」と言われたことがあります。

   こんなときの対処法が3つあります。1つは時間をかけて考えること。2つめは誰かに話をして頭を整理したり解決の鍵を得るようにします。3つめは気分を変えるために考えることをいったん中断させます。中断させて気分転換した後，もう一度考えるようにします。放置したままにすることはありません。
3. 私は人の話を1回で聞くことができません。特に騒がしい場所では話をしている人の話が聞こえないので，聞くのをあきらめてしまいがちです。誰も聞き返さないので，自分だけ聞き返すのは恥ずかしいような気がするので聞き返すことができません。そこで私は人の話を聞くときはメモを取って忘れないようにしています。ポイントだけをつまんで理解するタイプではなく，一字一句すべて逃さずに聞かないと前後関係がわからなくなるタイプです。だからこそ，メモが大切になってきます。ポイントだけではなくプロセスを書きます。どこが大事か，全部聞かないと判断できません。

4. 私は人混みの中でも，他人から見れば恥ずかしい行動をしています。たとえば，話をしていて内容が気に入らないときにはムッとしてしまい，つい大声を出すことがあります。ひとりの時にするのなら特に恥ずかしくないことでも，みんなの前でしてしまうとそれは恥ずかしいことになってしまいます。このことについては基本的にはどうしたらよいかはっきりわかりませんが，とりあえず人前では出さないように我慢しています。ついでてしまうこともありますが，全部をやめてしまうことは無理なので，気づいたときにやめるようにしています。
5. 私は嫌なことがあると顔に出やすいタイプです。他人からそのことを指摘されたことはありませんが，自分で鏡を見ると機嫌の悪い顔をしていることに気づきます。気づいたときには直すようにしています。
6. 私は人についての好き嫌いの振り分けをするのが好きではありません。たしかに悪口を言うとすっきりすることもありますが，言われた人の気持ちを考えると気持ちのいいものではありません。

振り返って：再構成される"私物語"

「私のいいところは？」というテーマはHさんから提案された。その方法として，TSTテスト（Twenty Statements Test「20の私」）を用い，自分のいいところを思いつくかぎり書き出すという提案をした。一般的にASDの人は，テーマに対して自分なりの考えは浮かぶのだが，それを相手に伝わるように思考レベルで構成し，言語化することが苦手だと言われている。「適当に思いつくままに話せ

ばいいよ」と言っても，それがもっとも苦手だと言う人は多い。今回採用した方法は，TSTテストをウェビング法と同じような手法でアレンジしたものであり，思いつくままに浮かんだ言葉を書いていけばいいので，抵抗感が少ないと思われた。

　「20の私」に取りかかったHさんは，「自分のいいところを見つけたい」と言いながら，実際には否定的な言葉ばかりを挙げていた。支援者は，その言葉が生まれてくる背景とHさん自身にわき上がってくる感情を否定することなく聞き，その体験の周辺にあるHさんのさまざまな心の動きにスポットを当てていった。ネガティブな体験の周辺には，本人のたゆまない努力と挑戦が隠されていることが多い。ここでは，本人が価値のないことだと思っている本人なりの努力や挑戦を，価値のあることとして再確認していくための対話が展開されていく。このようなやり取りの中で共同産出された新しい物語は，Hさんが最初に描いたネガティブな一面を否定することなく事実として引き受け，そのことが人としての価値を下げることではないことを強調する。大切なことは，そのことをどのように自覚し，どのような対処をしているかということであり，そのような態度にこそ，人としての価値があるという意味を付加していく。上記の5つの文章は偽りのないHさんの姿である。ネガティブな言葉の裏にある自分のいい面を日の当たる場所に出してあげたような感覚を一緒に味わった。

5）大学生活と私

　大学生活を振り返って，思いつくことを挙げてみた。就職活動で，大学生活で何をしたのかと聞かれたときに，すぐには思い出せない

ので，まとめてみたいという希望があったからだ。

「私の大学生活」
① 私は授業にほとんど出席した。
② 私はテスト前はよく勉強したが，できたかと言われるとわからなかった。
③ 私はレポートを書くときに図書館で調べ，インターネットはあまり使わない。
④ 私はレポートの考察はいい加減で結論も曖昧だ。
⑤ 私はレポートの提出はいつも締め切り日だ。
⑥ 私は要求されていないものはほとんど予習はやらないが，必要なものはする。
⑦ 私はサークルに入ったりアルバイトをしたりしなかった。家から通っているのでできなかった。
⑧ 私は実家から通っている。
⑨ 私は一夜漬けが得意な方ではないので，何日か前から勉強をする。
⑩ 私は文章にまとめることが苦手である。箇条書きで書いてしまう。
⑪ 私は不器用で実験器具を壊すことが多い。
⑫ 私は実験の時のコミュニケーションに困った。
⑬ 私は一度の話で理解できず，他の人に何度か聞き直していた。
⑭ 私は同じ学科の人から嫌われているような気がする。
⑮ 私はコンパなどは行かなかった。
⑯ 私は同じ学科の友達はいない。
⑰ 私はボランティアに参加した。
⑱ 私は速く綺麗な字を書くことができないので，メモがとても読みにくい。

⑲ 私は発表の時緊張して変なふうになる。
⑳ 私は大学生活で何がしたかったのかを見つけることができなかった。

書きだしたものをもとに対話を進めながら文章化していく。

H：③に関しては，インターネットは情報が曖昧だから信用できないので，実際に図書館で調べています。
支：それはとても素晴らしい姿勢ですね。
H：④⑤⑥⑩は，自分としてはマイナス要素です。
支：Hさんの捉え方としてはマイナス要素でもあるけれど，結果的に成績評価がよいから，ポジティブなこととして捉えてもいいのではないですか？ 特に⑨の「一夜漬けが得意な方ではないので，何日か前から勉強をする」というのは，勉強とは本来そうするものだと思うし，Hさんの勉強の仕方のパターンだからとてもいいことだと思います。自分の勉強スタイルがわかっているということ。
H：そうですね。
H：⑪に関しては，グループワークだと器具をさわる機会が少なくて，たまにさわると緊張して手が震える。自分も実験に参加したいと思っているけど，結局，器具はさわらせてもらえないことが多くて，最後にボタンを押すくらいのことしかできなかった。悪循環だったんです。一度壊したら，またやるんじゃない？ っていう空気が流れる。だから手を出せない。
H：学科の人とは距離がある。嫌われているかどうかわからないけど，話しにくい雰囲気がある。だから，声をかけるときも，「あの〜，

すみませんが，ここのところを教えていただけないでしょうか」というような，初対面の人に話しかけるような言い方になってしまう。

支：初対面の人に話しかけるような言い方になるんだね。今みたいな「距離感」って，いつごろから感じていた？

H：小学校のころから感じていた。気軽に話せる間柄はなかったです。友達と同じ感覚で話をすると，「ええっ，何！」って雰囲気が出てくる。中学校の時も確実にそうだったし高校でもそうだった。

支：大学ではいい距離感の人はいますか？

H：います（にこっとする）。同じ学科にいます。普通に帰るときに自然に話ができる。

支：自然に話ができる人がいるとうれしいですね。

H：そう。私があんな人になりたいなあって思える理想の人。勉強もできるし，まじめだし，話し方も優しいし，親切。

支：そんな人がいるんですね。そういう人と出会うことができてよかったですね。

H：はい（にっこりする）。一緒に電車に乗って帰るときにクラスの動向を尋ねる。なんでみんな集まっているのかなあと思っていたら，その人はその理由を知っていた。私は知らなかった。取り残されている感じがする。

支：たしかに情報が伝わってこないと，そういう気分になりますね。

H：みんなは感覚的に伝わるのかな。あるオーラみたいなものを。

H：⑳について，学科選択は満足している。研究室に入ったら目的がはっきりすると思う。これをやりたかったと思える学科選びをしなきゃ。

支：授業では何が一番おもしろかった？

H：私にとって難しい質問だ。（記憶を）掘り起こさなきゃ……「環境」，

「日本海学」がおもしろかった。私の関心のあることでも知っているようで知らないことがあった。身近なことだからこそ，そう思うことがあった。自分にとって遠いことだと考える前提にたどり着かない。ちょっとしていても掘り下げるまでにいたらない。知っているというイメージと現実のギャップがあるほど，好奇心が燃えてくる。たとえば，交通施策。当たり前のことと思っていたことを追求すると，新しい発見や視点が生まれる。専門の授業でもそう。高山植物を観察したときに，厳しい気候の中で育っていることがわかったり，地球温暖化のために標高の低いところの草が生えてきたときに生態系が変わる可能性がある。高山植物の生育が不利になるのではないかと思う。ハイマツの枝の伸びや生え方で何年目の枝かどうかがわかる。天候との関係，前年の気温と伸びの変化と比較して調査するのは，とてもおもしろかった。……ということは，私は座学よりもフィールドワークが合っているんだ！！　う～ん，やっぱりどの研究室に入るか重要だ。フィールドワーク中心の研究室がいいということ？

　以上のようなやりとりをしながら作成した文章が，以下のものである。

大学生活で学んだこと
- 私は大学生活では授業に必ず出席しようと心がけました。授業中はノートを取り，先生の話すことをできるだけメモを取り，先生の話していることの中で，何が重要なのかということに注意しながら話を聞いていました。

・教養教育で印象に残っている授業は「環境」です。この授業では自分が興味のある分野だったから知っていることも多いと思っていましたが，自分が知らなかったことやイメージに惑わされていることも多いと知りました。身近であるがゆえに，自分の知らなかったことを学んだり，勘違いしていたことに気づくと，より好奇心を持って身近な物事を理解できるようになりました。
・専門の授業で一番印象に残ったのは野外調査です。特に，立山に行って高山植物を観察したことが印象に残っています。たとえば，立山の実習では，室堂や美女平での植物の調査や，ハイマツの枝の伸びを調べて前年の気温との関係を比較しました。実際に，高山植物を観察していて，なぜ気候の厳しいところに生えているのか，気候の変化によって高山植物にどのような影響があるかを追求してみたいと思いました。私はフィールドワーク研究に関心があります。

> **振り返って：大学で何を学んだかをテーマに過去のことを振り返る**
>
> 　就職のエントリーシートを書くときや，面接で聞かれたときに，大学生活についてどのように語ればよいのかわからないという不安があり，今回も TST を用いて書き出すことになった。Hさんは学業に関することに問題はほとんどなく，学ぶことがHさんの大学生としてのアイデンティティに関わる重要な意味があることがわかる。Hさんの成績は非常によく，ほとんどが「A（優秀）」であるが，本人はそのような結果よりも完璧に取り組めていないことに焦点を当てて振り返っている。書かれた内容の性質を見ると，①私は授業にほとんど出席した，⑤私はレポートの提出はいつも締め切り日だと

いうような「行為の語り」と，⑫私は実験の時のコミュニケーションに困った，⑭私は同じ学科の人から嫌われているような気がする，というような自己評価を含む「アイデンティティの語り」，そして，⑩私は文章にまとめるのが苦手である。箇条書きで書いてしまう，⑪私は不器用なので，実験器具を壊すことが多いというような「アイデンティティの語りと行為の語りが結合する語り」がある。対話の中で大切なことは，「行為の語り」の背景にある「アイデンティティの語り」を引き出すこと，「アイデンティティの語り」の背景にある「行為の語り」を引き出しながら，新しい「アイデンティティの語り」を再著述していくこと，そして，「アイデンティティの語りと行為の語りが結合する語り」を語りとして対象化(外在化)することによって，「行為」と「アイデンティティ」の関係が因果関係として直結しているわけではなく，別のアイデンティティが関与している可能性を引き出していく。たとえば，⑪は，「実験器具を壊すことが多い」という行為の語りを，「私は不器用だから」というアイデンティティの語りと直結させて記述しているが，語りの中では，「グループワークだと器具を触る機会が少なくて，たまに触ると緊張して手が震える。一度壊したらまたやるんじゃない？ って空気が流れるから触らせてもらえないことが多くて，悪循環だった」という気づきが生まれている。このように，対話はアイデンティティの語りそのものを変容させることが可能である。

「授業では何が一番おもしろかった？」という質問は難しいと言いながらも，時間をかけて記憶を掘り起こし，その理由も同時に掘り起こすことができた。逐語録を見るとHさんは流暢に話しているように見えるが，じつは非常に時間をかけて言葉を選んで話している。時間をかけて記憶を辿り，自分の実感にぴったり合った言葉を

> 選ぶ作業は，言葉に厳密な人にとって時間がかかるものであることは想像に難くない。安心して記憶を辿り，考えをめぐらすことができる時間を確保し，手探りで探し出すプロセスを包み込むように見守る姿勢が支援者には求められている。
> 　学業以外のこと，たとえば，サークルやコンパ，アルバイトができなかったことに関しては，そもそも実家から通っていて，片道1時間半ほどかかることが大きな理由であると割り切っていることもわかった。また，「20の私」の中では同じ学科内の友達がいないとのことだったが，面談の中では"いい距離感の人"がいると言う。Hさんはグループが中に入って話をすることは苦手だが，一対一の関係ならば抵抗がないようである。Hさんが理想とする人間像を持った同級生がいて，その人とだったら自然に話ができるというHさんの語りを人間関係におけるポジティブな一面として確認し合った。

6）アスペルガー症候群（AS）と私

　ある日の朝，支援室で勉強していたHさんは，棚にある「思春期のアスペルガー症候群」（講談社）と「大学生の発達障害」（講談社）を手に取り，「これも，これも当てはまる！」とつぶやく。「私，こういう本に書いてあることが当てはまること多いんです」と言う。

■支援室での面接

　H：ボランティアに参加していると，本当にいろいろな人がいると思う。マンガを読んでいる人，映画の特撮の話をする人，旅行に行ってきたという人もいた。電車が好きな人が多いんです。あそこにも（ASの本を指さして）そんなことが書いてある。

支：そうだね。（二人で本を見る。）

H：今，困っているんです。研究室に。

支：新しい環境だから？

H：そうです。

支：人間関係も新しいし。

H：うん。することがいっぱいありそう。

支：今は，研究室にいて何をするの？

H：ひきつぎです。4年生から教えてもらうことになっている。

支：ふーん……そんな時期なんだね。

H：……就職のことを考えると，自分の性格じゃ無理だと思える。

支：無理って？

H：かっとなりやすい。ここ（本）にもイライラしやすいって書いてある。昔からそうだった。今よりもずっとかっとなりやすかった。

支：そうなの？ じゃあ，昔のイライラしやすさを100としたら，今は？

H：昔を100としたら，今は40くらいかな。

支：じゃあ，かなりイライラしにくくなったんだ。

H：ふ～ん……イライラするのは一緒です。

支：ああ，そう。イライラするのは今も昔も一緒だけど，うまく対処しているってことかな？

H：そうです。

支：昨日はノートに独り言を書いていたんだって？

H：うん，ノートにイライラをぶつけるんです！！

支：そうか，そうだよね。イライラするのは変わらなくても，そのときにうまく対処できればいいんだよね。この本にも，「イライラ対策に決定打はありません」って書いてあるでしょ？「人それぞれ」だって。

H：うん……（本を見ながら）私はこんな方法はとらないな……。
支：対処法のことですね。じゃあ，二人でイライラしたときにどんなふうに対処しているか書き出してみようか。
H：はい。私はひたすら歩き回る。それから独り言をぶつぶつ言いますね。好きな本を読んだり，枕をたたいたり，投げたりします。
支：私は車の中で大きな声を出すときがあるなあ。
支：トレーニングジムに行って汗を流す。
H：私は歩きます。
支：タオルや洋服を投げる。
H：一緒だ。壊れないものですね（笑）
支：洗濯をする。すっきりするよ。
H：ふーん（笑顔）。
支：ものを捨てる。
H：私はため込む。
H：人を避ける。ひとりで引きこもる。それから好きな本や電車の写真を見る。
支：人としゃべらないようにする。
H：一緒だね。
支：特に家族にしゃべらないようにする。八つ当たりしそうだから。
H：家族に言うと余計大変なことになりますからね（と同感してくれる）。
H：誰かに聞いてもらいたい。見ず知らずの人は嫌だけど，ちょっと知っている人に話したい。それから，なぜか誰かを妨害したくなる。嫌なことを言って，嫌な気分にさせる。
支：そうするとどうなりますか？
H：ちょっとすっきりするけど，逆効果！　すーっとするけど，後が大変！！
支：そうでしょうね。私もイライラして車を運転しようと思ったら，

車庫のシャッターを開けずにバックして，壊したことがあります。
H：ええっ！！　そんなあ……。
支：イライラするのは止められないけど，どんなふうに対処すればいいかを考えればいいんだね。
H：(本を見ながら)ここに書いてあるのはほとんど当てはまる。どうしたらいいのか……。
支：アスペルガー症候群の特性は，誰でも持っている気質とつながっています。極端にある一部分の性質だけ強く出たり，他のところはそうでもなかったりするというように，人それぞれであらわれ方が違うのよ。この性質を持っていることが悪いわけではありません。このことでうまくいかない場合は，今みたいに対処する方法を見つければいいのです。自分にあった対処法を見つけましょう。
H：そうか……自分に合うやり方ね……。

> **振り返って：「問題」の何に焦点を当てるか**
>
> 　支援室の横には多目的活動室があり，学生が気軽に利用できるようになっている。Hさんは空き時間を図書館ですごすことが多いが，そうすると新聞が気になってしまうときがあり，そういうときは支援室でレポートの準備や就職試験の勉強をしている。また，支援室には発達障害関連の本があり，学生が手にとって見ることができるようになっている。Hさんはときどき本を手にしていたようだが，それに関して支援者に尋ねることはなかった。ここでは，アスペルガー症候群に関する本が目にとまったようで，そのことを話題に会話が始まった。支援者は，HさんがASの何に注目して，「当てはまる」と感じ，何を問題として感じているかを丁寧に聞き取る必要がある。会話の流れは，「H：困っている」→「支：新しい環境だから？」→「H：

そう」→「支：人間関係も新しいし」→「H：することがいっぱいありそう」→「支：研究室で何をするの？」→「H：引き継ぎです」となっているが，ここまでの会話はHさんの困っている事柄の周辺をさまよっていて，Hさん自身もぴったりした感覚を持たないままやり取りが続いている印象がある。このような会話の流れは本質的な話題ではないにしても，いわば本題に入る前のウォーミングアップ的な会話として重要な意味を持つ。実際の会話場面では，Hさんも何に焦点を絞って話せばいいのか決めかねているような雰囲気を醸し出している。

そして，「H：就職のことを考えると，自分の性格じゃ無理と思える」という本当に取り上げたいテーマが語られる。ここで支援者は，「無理だ」と本人が思うところをさらに，掘り下げたいと考えた。そこで，「支：無理って？」とHさんに質問を投げかけるのである。「この性格じゃ無理」という言葉を聞いた時，支援者の中には多くの選択肢が思い浮かんでくる。「ASの特性？」，「コミュニケーションが取れないというところ？」，「人間関係が苦手というところ？」というように，その場の文脈からさまざまな可能性を頭に思い描くことになる。しかし，大切なことは，本人はどのようなことを取り上げてその言葉を使っているかを本人の視点で知ることである。「無理って？」と尋ねたとき，Hさんは，「かっとなりやすい。ここ（本）にもイライラしやすいって書いてある。昔からそうだった。今よりもずっとかっとなりやすかった」と言う。つまり，Hさんは，「イライラしてカッとなりやすい自分の性格では，就職は無理」という点に困っているということが，ここへきてようやく両者で確認されたのである。

7）ふたたび，「私のいいところは？」

　4年生になったある日の面談で，趣味のことを語った後，急にHさんは次のように話し始めた。

　H：はあ〜最近イライラがすごい。イライラする！　もう……すっごい些細なことに！
　支：些細なことって，たとえば？
　H：電車に乗ったときの人の話し声が大きい。隣の人がくっつきすぎ！（窓の）外がみえないよ！　もう！　この運転手，運転あらっぽい！！　……ってね。
　支：そうか，そんなふうに日常のちょっとしたことが気になってイライラするんだ。
　H：そっ。
　支：そうなんだね……・。
　H：ああ〜，私のいいところは何ですか？　人から見て私のいいところをプレゼンする感じで言ってみて下さい。
　支：（明るく）いいところね！　この前，一緒に書き出したよね。
　H：自分から見て，「いいところ」と思うところは，他人と比べていきすぎている場合がある。自分がいいと思っても人から見てどうかわからない。就職の自己PRに，自分のアピールするところを書かなくちゃいけない。自分が周囲の人からどう思われているか知りたい。
　支：なるほどね，自分でいいと思っても，他人から見たら同じように思うかどうかわからないってわけね。
　H：そうです。
　支：じゃあ，まずはHさんが自分のいいところを言ってみて。それに

ついて私がどう思うか考えるから。
H：う〜ん……よくも悪くも人を気にしない。まわりがどうなっているかにとらわれないで動くことができる。
支：そうそう，そうだったね。
H：まわりに無頓着すぎて，周りに変に見られる。他の人と動きが違う。
支：たとえば？
H：電車の長いすに座っているとき，ずっとこんな姿勢（真横を向いている）で座っている。
支：何しているの？
H：外の景色を見てる。
支：なるほどね。横に向かないと景色が見えないものね。他の人はどうしている？
H：（携帯電話を見ている真似，ゲームボーイをしている真似，眠っている真似など，ジェスチャーで表現する。）
支：そうだね。みんな好きなことしているね。そのなかで，Hさんは景色を見てるんですね。
H：そう。
支：その姿は変じゃないと思うよ。景色を見ているんだから。
H：うん，熱中したら周囲のことが目に入らない。心が何かに奪われたら止まらない。
支：そうそう，そうだったね。心が何かに奪われたら……って表現がいいねえ。何かに集中する集中力は素晴らしい！
H：もし，（就職試験の）面接で「もし嫌いなことだったらどうしますか？」って聞かれたら？
支：ああ，面接でね？　本当だ．好きなことだったら熱中できても，嫌いなことだったら？　って聞かれるかもね……う〜ん，どうし

第5章　心理教育的アプローチ

よう？
H：最初のうちは慣れないけど，慣れてくると嫌いなことでもおもしろさがわかってくると思います。たとえば，最初は嫌いだったけど，熱中できて，得意になれなかったけど……（言葉に詰まる）。
支：具体的なことを言えば説得力があるね。
H：う〜ん……ある授業は得意じゃなかったけど，勉強するうちにおもしろさがわかってきて，テストを受けるまでにはわかるようになりました。
支：「最初のうちは慣れないけど」っていうところがいいですね。
H：自分の駄目なところはいったん認めて……。
支：そうだね，それは誰かに習ったの？
H：いや，自分でそう言った方がいいかなって。
支：そうよ，自分の正直な気持ちが伝わればいいですね。それに，「得意になりました」って言わないところも正直な感じでいいよ。そういえば，Hさんはずっと前に，「苦手意識を持たないために好き嫌いを言わないようにしている」って言っていたね。
H：そう。苦手というと，その言葉に影響されて本当に嫌いになっていく。だから，あやふやにしておくんです。
支：そうだね，得意じゃないけど，やっていくうちに好きになっていく可能性ができるよね。あやふやにしておくっていうのは，そういうことにつながるんだね。
H：そう（にっこりする）。自分のいいところが見えるようになってきたのは，この支援室に来たおかげ。マイナス面とプラス面が一つのことには必ずあって，どちらも本当なんだけど，いいところを見つけていくのは大事。でもね，楽観思考はよくないときもあるから，自分の戒めとして欠点も知っておくんです（真面目な顔つきで）。
支：いましめですか（笑）。

振り返って：「私」発見

　Hさんは面談のはじめに趣味のことを語ることから始めることが多い。対話のウォーミングアップなのだろうかと思うことがある。好きなことを語るHさんはとても生き生きしていて表情も明るく，豊富な知識を披露してくれる。いつも同じテーマではあるが，情報は新しく，新聞やテレビ，インターネットで得た知識から，自分としてどのように考えるか，問題意識を持って話を展開してくれる。支援者はHさんの造詣の深さに感心しながらも，知らなかったことに関しては無知の質問をし，Hさんの興味関心に積極的な関心を寄せていく。Hさんの語りは自然に，Hさんが気になっていることや困っていることに移行していく。今回は，「ものすごく些細なことにイライラする」ことが，まさにイライラした様子で語られた。実際のところ，その場ではイライラした様子を見せることはなかっただろうが，今この場で，そのときの感情を表出しているように見えた。そして，ふっと力が抜けたようなすっきりした表情で，新しいテーマがHさんから提案されたのである。「私のいいところをプレゼンして下さい」というHさんの言葉は，一見，唐突なように見えるが，これまでの面談の中で幾度となく重ねてきた自己探索のプロセスで，見えてきたおぼろげな自己像を言語的な意味づけにより再認識するという意志のあらわれと捉えた。

　テーマを提案する際に重要な意味を持つところは，「自分から見ていいところは，他人と比べていきすぎている場合がある。自分がいいと思っても人から見てどうかはわからない」と語っている点である。他者から見た自己像を客観的に描き，普遍的な価値観で自分自身を眺めたいという姿勢が伺われる。ASDの人々の言葉に対する

厳密さは，自己像に対しても同様であり，自己の内的状態と外的状態が一致していることで初めて，自己一致するかのようである。

　支援者はすぐにHさんの要求に応えることをせず，Hさんに語ってもらう方法を選んだ。Hさんがどのように自分を表現するか知りたいと思った。また，Hさんの語りの中で描き出される人間像を拡げる方向でよさを強調していく方が，Hさんの中に支援者の言葉が入っていくのではないかと考えたのである。

　次に話題は，「面接で嫌いなことだったら，どうしますか？　と聞かれたらどのように応えるか」というテーマに移行した。Hさんにとって，嫌いなこと，つまり，苦手なことにどのように対処するかという命題は日常的なものであり，ここでの判断はHさんにとって経験知として言語化できるものであった。「得意じゃなかったけど」→「慣れてきて」→「おもしろさがわかってくる」というプロセスは偽りのないHさんの体験であり，人が成長していく時に必ず味わう試練でもある。そこから生まれてくる言葉は，本質的であるがゆえに人を感動させる言葉となる。

　最後にHさんが語る言葉はまさしく，『自分発見』である。「一つのことにはマイナス面とプラス面が必ずあって，どちらも本当だけど，自分のよいところをみつけていくのは大事」という言葉はアイデンティティの獲得につながる自分発見ではなかっただろうか。「不完全な自分に不安」と消え入りそうな声でおびえていたHさんの姿はここにはない。ネガティブな自分も引き受けつつ，そのなかにあるポジティブな面に目を向けて生きていく姿勢が大事だと気づいたHさんは，その後も支援室を訪れはするが，大きな混乱もなく大学生活を送っている。

V　おわりに

　本章では富山大学が行っている，ナラティブ・アプローチに基づく心理教育法の実際をできるかぎり具体的に紹介してきた。ナラティブ・アプローチは多様な技法的側面をもっているが，そのなかでもホワイト（White, M.）とエプストン（Epston, D.）が提唱した狭義のナラティブ・セラピーは，もっとも明確な技法論を展開している。本章の最後に，われわれが行っている心理教育的アプローチを，ホワイトがその晩年に自らの実践に基づいて整理したナラティブ・セラピーの実践理論（White, 2007；小森・奥野, 2009）と対比することによって，その技法論的立場を整理してみたいと思う。

　ホワイトは，慢性，あるいは解決困難とみなされたさまざまな問題を抱える幼い子どもたちとのセラピーにおいて，外在化する会話の可能性を探求し，「外在化する会話は，問題を客体化することによって，内的理解の解毒剤となりうる」（White, 2007, p. 13）と主張した。また，本人だけでなく，「家族メンバーが寄り集まり，問題に対処するために共同作業的イニシアティブを共有できる文脈を提供し，このような問題への相互作用的な定義や解決の発展に，外在化する会話が貢献する可能性がある」（White, 2007, p. 25）ことを示した。「外在化する会話は，『人』を客体化する文化実践に逆らって，『問題』を客体化する実践を採用するため，人々は問題から離れたアイデンティティを経験できる。人ではなく，問題が問題となるのだ」（White, 2007, p. 27）と述べ，外在化する会話により，人を客体

化するのではなく，問題を客体化し，問題をアイデンティティから自由にするという。さらに，「外在化する会話の文脈において，問題が人々のアイデンティティの『真実』を代表しなくなると，首尾よく問題を解決する選択肢が突如として目の前にあらわれ，手にはいることになる」(White, 2007, p. 13) と述べ，人のアイデンティティを問題のアイデンティティから分離することにより，人は自尊感情を持ちつつ，より幅広い対処法を選択できるようになるだろうと主張している。

たとえば，E君のケースでは，教室移動の時に突然体調が悪くなり歩けなくなってしまったが，一緒に構内を歩き，状況を言語化し外在化することによって，「人の話し声や大きな音が急に聞こえてくる状況で苦しくなり，歩けなくなってしまう。そういえば聴覚過敏があります」という自己特性を思い出し，「それがわかっただけで気持ちがすっきりしました」と言うに及んだ。「聴覚過敏」という問題の客体化により，自己のアイデンティティに対するネガティブな確信が収まっていったと考えられる。Hさんの場合，支援が始まって1年ほど経ち，ようやく自分自身を語り始めた。面接の場で自分の気持ちを言いあらわすことが難しかったが，外在化する会話の中で問題を自己のアイデンティティと離れたものとして取り扱うことができるようになったと考えられる。

ASDの学生との対話において，「問題」を外在化するための会話をアレンジするためにはいくつかの工夫が必要である。多くの場合，会話を補助する視覚的な情報提供を並行して用いることが有効である。F君のケースでは，支援者が履修を減らした方がよいと考えて提案したが，いっこうに減らす様子は見られなかった。しかし，曜

日ごとに授業と体調との関係をスケジュール表で確認しながら洗い出し，実際にうまくいっている曜日の条件を見ていくことで，時間割を見直すことができるようになっていった。見直しは，スケジュール表を二人で見ながら支援者と話し合うことを通じて行われ，「できるだけ多くの授業を取らなければならない」というF君の強固な信念は徐々に緩み，「1限目の授業は出ない。全体的に受講数を減らすが，出ると決めた授業には必ず出席する」という新たに作り出した行動を選択するにいたったのである。

　Gさんのケースでは，物事を順序立てて整理すること，スケジュール化すること，実行するための行動を選択すること，実行したことを見直すことなど，自分自身の行動をマネジメントすることができなかった。小・中学校，高等学校までは時間割があり，やるべきことがすでに決まっていることが多かったが，大学ではこれまで決められていたことを自分で決めて実行していかなければならない。Gさんが繰り返している「結果的にうまくいかなくて，単位を落としてしまう」という体験を，Gさん自身の語りを通して再現してもらうことを通じて，ありがちな行動の中から問題となる行動を抽出し外在化することが可能となった。問題解決のための方策は，Gさんにとって実行可能なものでなければならない。誰にとっても正しい一般的な解決方法ではなく，Gさんという個人にとっての有効な解決方法を見つけ出すことは簡単ではない。しかしこの場合にも，外在化する会話が問題への解決方法の探求に非常に有効であったと思われる。

　ホワイトは「解決困難で慢性的だと思われるだけでなく，不快で，社会的影響も深刻だと見なされている問題に，いかに遊び心たっ

ぷりに，楽天的に，そして楽しい方法でアプローチできるかということを示したかった」(White, 2007, p. 25) と著書の中で述べているが，Gさんへのアプローチはまさにこのような支援のスタンスが重要なポイントであった。うまくいくためのさまざまなアイデアを想像力豊かに考え出すことができるためには，また，生み出した方法がうまくいかなかったとき，Gさんが感じているであろう無力感を支援員も同時に感じつつ，新たな方策を練っていくためにも，どこかで「遊び心たっぷりに，楽天的で，試してみたくなる楽しさ」を携えつつ話し合いが行われる必要があった。「人が問題なのではなく，問題が問題なのだ」という考え方を採用することによって，いろいろなアイデアが実行可能となっていったのである。

　またホワイトは，「問題が人から離れた存在になったとき，そして人々が自分のアイデンティティについての窮屈な『真実』や自らの人生についてのネガティブな『確信』から解放されたとき，人生の窮状に対処する行為において新しい選択肢が得られる」(White, 2007, p. 27) という。Hさんのケースにおいては「ぶきっちょな私」というアイデンティティが，「丁寧にするので時間がかかる自分」というアイデンティティへと変容し，「イライラしてしまう自分」というアイデンティティが，「イライラした時にうまく対処する方法を選び取れる自分」へと変容していった。自己に対するネガティブな確信から解放されたとき，初めてその周辺に隠れている「うまく対処しようとしている自分」，「いい対処法を選びとることができる自分」に気づくことができたのである。

　さらにホワイトは，ナラティブ・セラピーの中で人々がセラピストに対してストーリーとして再著述する会話の意味を次のように述

べている。「人々は語るとき，あるテーマやプロットにしたがって時間軸上に人生のできごとを順番に結びつけていく。こうしたテーマはしばしば，喪失や失敗，無能，無力感ないしは挫折を反映している。再著述する会話は，人生についてのストーリーを発展させ，語り続けるよう人々を促すと同時に，彼らのドミナントなストーリーラインには同調しない，あるいは，ないがしろにされてきたが重要性を秘めたできごとや経験を盛り込むよう助ける」(White, 2007, p. 54) という。学生たちとの会話は現在の困難さに焦点を当てているが，語りは彼らの人生の中で繰り返し体験してきた失敗や挫折，傷つきを包含するものである。苦しみや絶望は時間軸を超えて，今ここで再現されるが，そのなかに，彼らが挑み続けてきた努力や工夫，挑戦の歴史も語られることがある。また，語られはしないが，われわれにそのような文脈で伝わってくるものを感じることもある。ここでわれわれに与えられた役割は，本人の語りの中にある解決へのリソースの芽を見つけ出し，会話の中で実現可能なリソースに再構成していくことであろう。

　ホワイトはまた，「セラピストは，人々が生きられた経験を招集し，知性を広げ，想像力を働かせ，そして意味作成のための資源を利用するよう励ます質問の導入によって，オルタナティブなストーリーラインの展開を促す。人々は，過去にはないがしろにされていた人生の側面や関係性に好奇心を抱き，魅了されるようになる。こうした会話に進展するにつれ，オルタナティブなストーリーラインは厚みを増し，より深く歴史に根ざし，そして人生の問題や窮状，そしてジレンマに人々が率先して対処するための基礎を提供する」(White, 2007, p. 54) と述べているが，われわれの面談プロセスにお

いても，同様の変容を実感している。つまり，学生との会話の中で本人のリソースの芽を見つけ出し，これまでの努力を労いながらも，報われなかった努力の陰に隠れている解決へのリソースに着目するような会話を展開することによって，学生自身が自分の人生に対するポジティブな感覚を取り戻していくことができるのである。

　発達障害大学生への私たちの心理教育的アプローチは，ホワイトやエプストンが提唱する狭義のナラティブ・セラピーの技法を発達障害支援の現場に"当てはめた"ものではけっしてない。むしろ私たちのアプローチは，目の前の学生を自分自身の物語を語る主人公として尊重し，その語りに耳を傾け，対話の中から，本人にとっても支援者にとってもより有益な新しい物語を共同構成することを目指して行われてきたものである。しかし，本書で紹介したような私たちのアプローチにおける実際の会話を，「外在化する会話」や「再著述する会話」といった，ホワイトのナラティブ・セラピーの技法概念を参照枠として分析してみると，その両者には驚くほどの共通性があることが明らかである。

　発達障害大学生への心理教育的アプローチの技法については，まだまだ明らかではない側面がたくさんあるが，私たちはナラティブ・アプローチを基盤とする心理教育的アプローチが大学生の発達障害支援において特に有益であるという実感を抱いており，これからもその実践，理論をさらに深めていきたいと願っている。

文　献

福井里江，伊藤順一郎 (2007) 精神医学・精神保健学領域における心理教育アプローチの現状と課題．家族心理学年報，金子出版，pp.2-14.
平木典子 (2007)：心理療法というアプローチの発展と動向．家族心理学年報，

金子出版，pp.2-14.
国分康孝 (1998) サイコエデュケーション．学級担任のための育てるカウンセリング全集2，図書文化，pp. 15-33.
野邑健二 (2007) アスペルガー障害と解離．精神科治療学，22：381-386.
齊藤万比古, 早川洋 (2007) 発達障害者の自立支援．現代のエスプリ：青年期自立支援の心理教育．志文堂，pp.155-165.
斎藤清二, 岸本寛史 (2003) ナラティブ・ベイスト・メディスンの実践．金剛出版．
内山登紀夫 (2006) 本当のTEACCH：自分が自分であるために．学習研究社．
White. M. (2007) Maps of narrative practice.（小森康永, 奥野光 (2009) ナラティブ実践地図．金剛出版．）

第6章 コミュニケーション教育法

西村優紀美

I はじめに

　わが国では平成19（2007）年度より小・中学校の通常学級における特別支援教育がスタートし，知的な発達の遅れがない学習障害（LD），注意欠如／多動性障害（ADHD），高機能自閉症スペクトラム障害（HFASD）などの発達障害児に対する教育的支援が開始された。この流れはそれまでの特殊教育の考え方を一変する大きな教育的変革を意味するものであった。知的な遅れのない子どもたちへの教育的支援とは何を指すのだろうか。そのようななかで，当時者による自叙伝的書物が多数出版され，彼らの体験世界を鮮明に描き出してくれたことは，目の前の霧が晴れるような感覚を持つような画期的なできごとだった。筆者の個人的な感覚ではあるが，これまでの「障害観」に対する新しい見方の提言と受けとめられ，これまでの特殊教育に対する疑問がつぎつぎと整理されていく興奮を覚えた。筆者は，知的障害養護学校（現・特別支援学校）で，長く自閉症の教育に

携わっていたが,「障害児教育が子どもの欠落している部分,弱い部分に焦点を当てすぎている」ことへの疑問を強く持ち,「子どもの優れた部分に焦点を当てて指導する手だてがある」と考え,実践してきた(西村,2000)。このような筆者の個人的経験と多くの当事者からの発信により,私たち支援者は,コミュニケーション教育の中に「私とあなたのコミュニケーション」という視点を入れていくことを強調していく必要があると考えた。コミュニケーション指導は,指導される当事者だけの問題ではなく,指導者側の問題も問われるべきで,そこには人としての対等性と相互主体性が担保されなければ,本来的なコミュニケーション教育はできないという思いを新たにしたのである。

　本章では,HFASDの中でもアスペルガー症候群(AS)の特性にスポットを当てたコミュニケーション教育の新しいあり方について考えていきたい。そのためにまず,ASのもっとも基本的な特性であるとされている,いわゆる"Wingの三つ組み"について批判的に検討する。次いで発達障害者へのコミュニケーション教育法として,現在のスタンダードと見なされているソーシャルスキルトレーニング(SST)について概観し,その問題点と限界について考察する。これらの批判的考察を下敷きとして,私たちが開発を試みている新しいコミュニケーション教育法の一つである,「トータルコミュニケーションワークショップ」の理念と実際について紹介する。この新しい教育法は,AS当事者の特性を,"障害"としての観点からではなく"優れた認知特性"として尊重し,それを具体的なワークショップの中で最大限に活用していくという発想から企画されている。今回報告するワークショップの開発と試行においては,AS

当事者のソルト氏（ハンドルネーム）の多大な協力を得た。なお本章においては，高機能自閉症スペクトラム障害（HFASDあるいはASD）とASという言葉は，特に区別されずに互換的に用いられている。

Ⅱ　Wingの三つ組みへの疑問

　ASは1944年にウイーンの小児科医アスペルガー（Asperger, H.）によって公表された論文をもとに，1981年にウイング（Wing, L.）が提唱した概念である。その特徴は，①社会性の障害，②コミュニケーションの障害，③イマジネーション（想像性）の障害であり，この3つの障害特性を，「Wingの三つ組み」と呼んでいる。われわれは，ASの大学生の支援を行っているなかで，この「三つ組み」について，再検討する必要性を強く感じるにいたった。この「三つ組み」への疑問が，このコミュニケーション教育法の開発に至った大きな動機であるといってもよい。

　まず，「社会性の障害」は，そもそも当事者の個体としての能力だけに起因するものだろうかという疑問である。そもそも「社会性」とは，広義には「その社会が支持する生活習慣，価値規範，行動基準などに沿った行動がとれるという全般的な社会適応性」を指し，狭義には「他者との円滑な対人関係を営むことができるという対人関係能力」（繁多，1995）をいい，人間が社会化される過程を通して獲得されるものである。つまり，社会性とは個体能力に依存しているように見えるが，じつは状況依存的な要素を多く含んだ概念であるといえる。ASの青年と個人的につき合うことが多い人なら，同

じような実感を持つことがあると思うが，彼らがよく経験している安定した集団の中では，ほとんど問題なく適切な対人行動を取ることができることが多い。つまり，集団を構成する人間がどのような関係を持ち，どのような目的でその場にいるのかという暗黙知が形式化された中では，ほとんど違和感なく社会的行動を取ることができるのである。社会性というものを取り扱う場合，その社会を構成している他の人々の社会性も問われるべきであり，個体の能力だけを論じ，障害と見なすことに大きな違和感を覚える。たしかに，対人場面における質的な違いを感じることはあるが，その質的な違いを，「障害」という言葉で括り，個体能力に帰属してしまうことに疑問を持つのである。

　また，「コミュニケーションの障害」に関しては，そもそもコミュニケーション能力を測る基準が，コミュニケーションの場で対峙している一方の人だけの能力をもって判定する方法論でいいのかという疑問がある。彼らは非言語的コミュニケーション能力に劣っているといわれているが，非言語的コミュニケーション自体が非言語的にしか表しえないものであるがゆえに，彼らの内面でどのような実感を持って伝わっているのかを判断することは非常に難しい。今一度，「彼にはコミュニケーションの障害があると感じる私は，どのようなコミュニケーションスタイルを持っているのか」を振り返りつつ，コミュニケーションの相互主体性を念頭に置きつつ検討し直さねばならないと考える。

　ここで，人とのコミュニケーションをライフサイクルの側面から眺めてみる。乳児と養育者とのコミュニケーションに関する研究は，発達心理学の分野では古くから行われている。新生児においても人

へのまなざしは他のものへの注視行動とは異なるという研究から始まり，乳児における養育者の気持ちを自ら感じ取るという情動調律の存在やコミュニケーションの基盤となる基本的信頼感の必要性が指摘されている。ASのある人へのコミュニケーション教育に関しても，このような発達の基本に立ち返って，コミュニケーションの育ちを眺めてみる必要がある。

　これまでの特別支援教育の中で，コミュニケーションに関する次のような2つの考え方がある。1つは，「子どものコミュニケーション能力をいかに高めるか」という視点であり，もう一つは「子どもといかにコミュニケーションを図るか」という視点である（鯨岡，1997；鯨岡，2000）。前者は，コミュニケーション能力を持った二者がなんらかの情報を正しく伝え合い，正しく理解し合うことに主眼が置かれている。ここでは，厳密な認識の共有は目的となり，鯨岡は，これを「コミュニケーションの理性的側面を重視する見方」と呼んでいる。このようなコミュニケーションの捉え方は人との関係から切り離された，子どもの個体能力重視の見方に対応し，大人が教え導く側にたち，子どもは常に受け身になってしまうおそれがある。それに対して後者は，問題を子どもだけに帰属させるのではなく，子どもと大人の関係のありようが問題になり，教師もコミュニケーションのパートナーとしてどのような態度やコミュニケーションの取り方をするのかが問われることになる。ここでは，何かが通じた，何かがわかち合えたという気分になること，つまり，気持ちのわかり合い，通じ合いがコミュニケーションの主題になる。これは前述した乳児と養育者の間で起きるコミュニケーションのあり方に通じるものである。このようなコミュニケーションを，鯨岡は，

「感性的側面を重視したコミュニケーション」と言いあらわしている。この感性的コミュニケーションと理性的コミュニケーションの発達的な関係を，鯨岡は次のように説明している。①発達的に先にあらわれる感性的コミュニケーションこそ，コミュニケーションの本態である，②理性的コミュニケーションはその上に積み上がる形であらわれること，③そのとき感性的コミュニケーションはその基底に存在し続けること，④両者の関係は時間的前後というよりは基底部と上層部の関係である。コミュニケーションに関するこのような理論はASの人々とのコミュニケーションの在り方を考えるうえで，非常に重要な示唆を与えてくれる。今一度，彼らのコミュニケーション能力を，言語・非言語的コミュニケーションに分ける方法以外に，理性的コミュニケーション，感性的コミュニケーションに分ける見方を持って検討していく必要があるのではないだろうか。

　最後に，「イマジネーションの障害」に関しては，彼らは他者の視点を想像することができないのかという疑問がある。われわれが支援をしている学生は，支援者の立場や状況を必要以上に敏感に感じ取っていることが多い。ある大学生は，「相手が考えていることが瞬時に伝わってくるので，自分の思っていることとコンフリクトを起こし，結果的に固まってしまい判断できなくなってしまう」と言う。つまり，相手の態度や表情で，相手の思いが瞬時に通底してくるのだ。また，彼らのこだわりや物事への固執性は想像性を阻害するのか，新しい場面ではなぜ混乱するのかなど，これまで障害と言われてきたイマジネーションに関する問題も再検討したいと考えた。

III ソーシャルスキルトレーニング (Social Skills Training : SST)

　SST は 1970 年代以降から諸外国で注目され，20 年ほど前にわが国の精神科領域の治療技法として紹介された。SST は，日常生活における正しく有効な対処技能を獲得させることを主眼にし，最近では行動の強制・修正だけでなく，問題の社会的認知面での練習も含まれるようになってきた（田中，2008）。渡辺（1996）は，ソーシャルスキルは観察，モデリング，リハーサル，フィードバックという学習を通して獲得されるものであると定義した。五十嵐（2005）は，発達臨床心理学の観点から，発達障害児・者がソーシャルスキルを獲得することによって，社会生活がしやすくなり，よりよい発達が保障されることを目指し，社会的相互作用による機能という観点から，ソーシャルスキルを「自己および他者に有益な方法で他者と相互作用する能力」であると定義している。伊藤（2009）は，ソーシャルスキルとは，「社会の中で他人と交わり，ともに生活していくために必要な能力である」という。つまり，対人場面において，相手に適切かつ効果的に反応するために用いられる言語的・非言語的対人行動のことであり，広い意味ではその対人行動のもとになる認知的側面や感情の統制も含むという。小貫（2009）は，「ライフスキルトレーニング」の導入の必要性を提唱している。ライフスキルは WHO によって「日常生活で生じるさまざまな問題や要求に対して，建設的かつ効果的に対処するために必要な能力」と定義された概念である。また，ライフスキルとは，①意思決定，②問題解決，③創

造的思考，④批判的思考，⑤効果的コミュニケーション，⑥対人関係スキル，⑦自己認識（self-awareness），⑧共感性，⑨情動への対処，⑩ストレス・コントロールであるとした。つまり，ライフスキルは，生きていくためのさまざまな能力であり，ソーシャルスキルはそのなかの対人的場面で必要とされるスキルであるといえる（伊藤，2009）。

　しかしながら，これらの取り組みは義務教育年齢の児童・生徒がその対象になっており，それ以降の高校生，および大学生以上の年齢にある発達障害のある人々への実践例は少なく，模索が続いているという（小貫，2009）。特に，発達障害の中でも，ASDの特性に対するSSTの効果は，現在行われている方法論では有効性に疑問があるという指摘もある。つまり，ASDの人々が持つ「社会性」に関する特徴には，「人への関心の在り方」，「人との距離感の違い」というような社会的相互関係における感じ方の違いや情報のキャッチの仕方の違いが根底にあることを念頭においた方法論を展開する必要があり，その特徴をふまえた育成プログラムの開発が必要なのである。これらは，学齢期だけでなく，青年期・成人期の発達障害者も想定したさまざまな年齢層に適応するプログラムであり，対人交流面でのネガティブな体験が多いASDの人々にとって有効なSSTの開発が求められている。

Ⅳ　従来のコミュニケーション指導の限界と課題

　従来の発達障害のある人々へのコミュニケーション指導は，社会

的スキルや対人関係の在り方などへの具体的な指導として行われている。どちらかというとこれまでの指導は，社会性・コミュニケーションの弱みに焦点化されたトレーニング的な要素が強い指導に終始したものが多く，具体的な指導内容として，全体の生活場面からある一部分を切り取った概念的場面を扱うことが多い。彼らの困りごとは，生活全体の流れの中で突然に起きる状況のわからなさであり，そういった意味では場面を切り取ったSSTでは，彼らの困りごとにそぐわないことが多い。また，SSTとして挙げられる指導内容に関して，田中（2008）は，SSTが「欠点を改める」，あるいは「落差を埋める」という視点を感じると指摘している。また，さまざまなSSTがあふれている現状に対し，「技法に引きずられその人を不在にしてしまうという視点は常に留意すべきことである」と警鐘を鳴らし，「時にその人にとってセッションのみに有効で，もっとも現実味のない指示に陥り，バーチャルな成功体験を付与することになりかねない」と，SSTがおちいりがちな点を厳しく指摘している。田中（2008）は，このような問題をできるだけ解消するために，「生まれながらに持っているかけがえのない宝を一人ひとりの中に探っていき，それを掘り起こすこと，そして，リアリティを大切にし，社会的スキルが発現しやすい状況づくりをすることが重要である」という。また，辻井ら（2008）は，SSTについて，「困る行動を矯正するようなプログラムは効果はなく，むしろ，『一緒にやると楽しい』，『できることは嬉しいこと』というポイントを押さえたコミュニケーションワークショップでないと有効な体験はできない」と体験型のコミュニケーションワークの必要性と，方法論に言及している。さらに，高山（2008）は，欧米のSSTを紹介しながら重要なポ

イントを提示している。つまり，「SSTは集団行動をするためのスキルを学ぶためではなく，自分の長所と苦手なところ，他者との違いを理解し，お互いの違いを尊重して協調するプロセスが重要であり，自己理解と自己尊重が基本である」としている。当事者の内にすでにコミュニケーション能力はあり，それをうまく発揮できるようなコミュニケーションの場をともに創造していく姿勢が必要であること，またコミュニケーション教育の場自体，すべての参加者が対等に楽しめる場であること，さらに，お互いを尊重しあうコミュニケーションの中で自分自身に関する理解を深めていくプロセスがあることが，コミュニケーション教育で重要なポイントとして挙げられる。

このような先行研究をふまえて，今回のワークショップの開発には，以下のようなポイントが盛り込まれる必要があると考えた。

- 参加者がそれぞれに存在をおびやかされることなく安心して交流できること。
- それぞれの人が持つさまざまな価値観が尊重される場であること。
- 活動には必ず振り返りを行い，参加者同士シェアする機会があること。
- それぞれの活動に役割交換があること。

以上の4つの観点が満足されるコミュニケーションの場を意図的に作り，まずは，他者とコミュニケーションすることが楽しいと思える体験を作っていきたいと考えた。また，とかく，自己否定的な

考えが先行し，コミュニケーションの場に劣等感を持っている人や，傷ついた体験を彷彿させる場を避けたいと思う人がいる可能性もある。このような当事者の抵抗感も重要な課題と捉えつつ，自分自身の持っている特性のいい面を発揮しながら，コミュニケーションの場で尊重される体験を重ねていく必要があると考えた。

　ここで，コミュニケーション教育をグループで行うことの意義を確認しておきたい。一般的に，教育の分野では，コミュニケーション教育は個別指導や小グループで学んだことが最終的に実生活に応用されることが目的であり，そのための「般化」を目的としたプログラムも合わせて行う必要があるといわれている。一方，心理臨床の分野では，個人臨床とグループ臨床は相補的な発展を遂げて今日にいたっており，来談者中心カウンセリングでは「エンカウンター・グループ」，精神分析療法では「集団精神療法」，認知行動療法では「心理教育的グループ」，芸術療法では絵画療法や音楽療法，サイコドラマ，音楽療法など，集団で行われるものが多い（高良，2009）。高良は，「個人療法の目的は適切な社会適応であるという一般化が許されるのなら，私たちの仕事はクライエントをグループの場に返すことである」と言う。ともに個人の成長を目指すための，そのひとつの方法論としてグループを通した交流の重要性を強調している。ここでは，個人臨床の歴史が長い心理臨床から，「グループ」で行うことの意味を学ぶことにする。高良（2009）は，グループに関して次のようにまとめている。①グループ体験は個人体験である。個人になんらかの利益をもたらすためにグループを有効に活用する工夫が必要である。②グループには治療促進的因子が存在する。協力し合う体験，受容体験，孤独からの回復，私だけではないという感

覚，他人の助けになっているという愛他性などがある。③グループの基本は，安全感の保障である。安全に人と繋がれること，安全を保障される枠組み，安心して楽しい時間をすごすプログラムが重要なポイントである。つまり，グループは個人的体験が重視され，個人の安全と愛他性が担保される必要がある。このような意味を最大限に活用したプログラムの開発が求められる。

V　エデュテイメント理論に学ぶコミュニケーションワークショップ

今回のコミュニケーションワークショップの開発には，日本エデュテイメントカレッジの柴田礼子氏の指導助言を受けた。ここで，エデュテイメント理論について簡単に触れたい。

エデュテイメントとは，エデュケーションとエンターテイメントを合わせた造語である。もともとはパーソナル・コンピュータ（PC）などで，楽しく学ぶためのソフトを指す言葉として生まれたものであるが，現在ではPCの世界だけでなく，学校や教育現場でも使われるようになっている。ここではエデュテイメントソフトのように一方通行のものとしてではなく，双方向に影響をし合うワークショップの形をとっている（西村・柴田・ソルト，2010）。

エデュテイメントの4つのポイントは，①センシィビリティ，②コミュニケーション，③クリエイティビティ，④エンターテイメントである。

「センシィビリティ」とは，自分自身の五感を通じた身体感覚や物事に対する感じ方に気づき，周囲の人たちと調和しながら物事へ

の新しい視点を築いていくための感覚を鋭敏にしていくと位置づけている。どのようなコミュニケーション方法を用いる場合でも，まず自分自身の感性を鋭敏にさせること，センスィビリティというセンサーを高めていくことが重要である。

「コミュニケーション」では，自分にとって心地よいコミュニケーションの在り方を見つけ，他者と向き合うことを体験から学び，双方向の関係性を構築していくことが重要視される。自分自身のコミュニケーション上の特徴を知ったうえで，さまざまなコミュニケーション方法を試し，自分を自然に出せるコミュニケーション方法で他者と向かい合うことが本来の関係性を促進することであり，他者との双方向の関係性が生まれると考えられる。

「クリエイティビティ」を扱う段階では，自分自身の内側にある創造力をさまざまな活動を通して掘りおこし，自分にしかできない新しい活動を模索していく。コミュニケーション力が高まっていると，クリエイティビティにもいい影響を及ぼす。そのうえで，自分の特性を活かした発想や着眼点をどのように他者に表明し，伝えるための工夫していくのかを考え，実践していく力がエンターテイメント性である。エンターテイメントは，自分自身のよさや自分の活動をより深く理解してもらうために必要なことを身につけ，まわりの人に感動や喜びを伝えていくとともに，自分自身にも影響を与えるものであり，その相互作用がコミュニケーションを豊かにするものであると考えられる（西村・柴田・ソルト，2010）。

VI トータル・コミュニケーション・プログラムの開発

　ここでの取り組みの特徴は，ASDの人が苦手とされる社会性・コミュニケーション力を育てることを目標としながらも，彼らのコミュニケーション様式を尊重し，彼らの優位な認知特性をコミュニケーションツールとして活用した点にある。ASDの人々へのコミュニケーション教育を考える際に，まず大切なことは，彼らのコミュニケーションの在り方を丁寧に探ること，人との向き合い方を彼らから学ぶ姿勢を持つことである。そのうえで，彼らの世界観を尊重しつつ，相互にコミュニケーションの在り方を学ぶためのコミュニケーション教育法を開発したいと考えた。この取り組みはコミュニケーション教育法の開発であるとともに，ASDの人々への理解を促進し，効果的な援助の在り方を見出すためのアクションリサーチとして位置づけられる。

　このプログラム全体を通した特徴は次のような事柄である。まず，このプログラムはASD当事者だけでなく，すべての参加者が持っているそれぞれの認知特性が活かされるとともに，個性が融合する心地よい交流の場を提供することである。また，日本エデュテイメントカレッジの柴田礼子氏による「エデュテイメント理論」に学び，自分自身の感覚に気づくことや，自分自身の創造性を掘り起こしていく作業を行い，コミュニケーションのもとになる他者との双方向の関係性を育てていくものである。また，開発に当たっては企画の段階からASD当事者と話し合い，実践と振り返りを行いなが

ら，活動を繰り返し，内容および方法論を創りあげていくというプロセスをとった。

1. コミュニケーション教育の方法

1) 対象者

対象者は，ASの診断のあるソルト氏と表現活動に関心のある方（幼稚園，特別支援学校，大学，専門学校などの教員・高齢者施設職員）を含め，計9名であった。男性はソルト氏のほかに1名で，あとの参加者は女性である。メンバーは一般募集に応募してきた方々で，発達障害のコミュニケーション教育に関心を持って参加してきた意識の高いメンバーである。

2) ファシリテーター

ワークショップのファシリテーターは柴田氏が行い，シェアリングには筆者も加わった。ワークショップでは，ファシリテーターである柴田氏もともに活動に参加し，メンバーの主体的で自主的な動きを尊重する立場を取りつつ，ワークショップをリードしていった。最終ワークショップではソルト氏がファシリテーターの役割を担い，柴田氏がアシスタントとして活動をサポートした。

3) 実施場所

東京都内の施設を使用した。メンバーがゆっくり活動できる空間があり，周りからの騒音が遮断できる静かな場所を設定した。

4）実施期間

　ワークショップは，2009年4〜6月までの全5回で，1回4時間行った。それぞれ2時間の活動を行ったあと，シェアリング，意見交換に2時間を当てた。

5）手続き

　毎回活動が終わった後にワークに関するシェアリングの場を持ち，それぞれの感想を言う機会を持った。また，参加者がソルト氏の感想に対しての意見や感想を返し，ワークショップの場の透明性を図った。話し合いのルールは特に設けなかったが，それぞれが「私メッセージ」として表現し相手に伝える雰囲気を作った。

6）プログラム

　プログラムの内容は，大きく分けて次の4つである。ワークの最初は毎回，ウォーミングアップとしてAの活動を行い，ワークの内容は毎回変化した。

- 言語・非言語的コミュニケーション：「ハローボディ」,「気配でGO!」,「ストップ＆ゴー」,「1分間会話」
　出会いのワークショップとして行うウォーミングアップ的な内容である。参加者同士が親しくなり，リラックスをした状態を作り出すことが目的である。身体を動かし，他者と接触する機会の多い内容を準備した。これらはワークショップの開始時に毎回繰り返し実施した。ただし，細かな活動内容は，少しず

つ変化させていく。
- 自己コミュニケーション分析

    「私とコミュニケーション」というテーマで20の文章を作る。自分のコミュニケーションの在り方やこうありたいと思うコミュニケーションに対するイメージなどを思いつくまま自由に書く。

- 知的素材によるコミュニケーション

    「数字」と「写真」を素材に選び，活動を展開する。

- ソルト氏によるコミュニケーションリーダー体験：写真ワークショップ

    ソルト氏がこれまでのワークで行ったことをもとにワークショップを組み立て，ソルト氏がファシリテーターとしてワークショップをリードしていく。

2. トータルコミュニケーションワークショップの結果

1) 言語，非言語的コミュニケーション

最初は出会いのワークショップとして行い，初めて出会う人々が一緒に活動する中で，緊張感が和らぎ，ふと笑いが誘発されるような内容のものを準備した (6-図1)。「ハローボディ」というスキンシップ活動は，身体のいろいろな部分を触れ合いながら，世界各国の言葉で挨拶をするというものである。身体の接触する部位を変えたり，接触するスピードを変えたりすることにより，身体接触の程

6-図1「ストップ&ゴー」
音に反応して動く

度を変化させることができ，身体接触に過敏な人への配慮ができるようになっている。「気配でゴー」は，誰かが止まったり動いたりする気配を感じながら，自分が今どうするべきかを判断していくという非言語的コミュニケーションの活動である。この活動は自由にアレンジできる。たとえば楽器の音に合わせて動き，その楽器の音が止まったら止まるという即時反応をする活動も取り入れることができる。ソルト氏が絶対音感という優れた聴覚的能力があると聞き，既知の楽器と未知の楽器を準備し，コミュニケーションツールとして活用した。最後に，言語的コミュニケーションの活動として，「1分間会話」を行った。同じ活動を2名の場合と3名の場合で行った。

【ソルト氏の感想】
●動きについて

もともと身体表現には苦手意識があり，最初は考えることと動きがバラバラになってしまいました。活動が始まってすぐに苦手意識を感じました。たとえば楽器に合わせて歩く時，楽器がつぎつぎと代わっていき，どう対応したらいいかわかりませんでした。音を身体で表現

していくのは苦手でした。特に，「自由にしていいよ」とか，「何でもいいですよ」と言われるとできなくて，周りの人の動きをただ真似するだけになってしまいます。考えて動く感覚は不得手で，一般の方々の動きよりもぎこちなく，動きのレベルも低いのかもしれません。しかし，この活動を通して「身体と五感」，「動きと考え」がつながっている感覚を覚えました。ただ，1回くらい行っただけでは，苦手意識が強いだけで，身体の動きもぎこちないままですが，毎回行われたワークショップの中で繰り返し行い，参加者同士で話し合うことで，身体と五感，考えがつながっている感覚を実感できるようになったと思います。

●活動の説明・シェアリングについて

ファシリテーターが活動についての解説をしてくれると，やっていることの意味がハッキリわかるので，聞いた後の方が安心して取り組むことができます。同様に，参加者からの説明や感想があったことがよかったと思いました。他の人は私の考えをどのように受けとめているんだろうということに興味があります。人はそれぞれに感じ方が違うと思うので，それぞれの人の考え方を知って，自分自身学びたいと思いました。

2) 自己コミュニケーション分析

ここでは，「私とコミュニケーション」というテーマで，「私は○○です」という文章を20個作った。この活動では，それぞれの参加者が書いた内容を，全員でシェアする時間をとった。内容に関しての善し悪しを判断するのではなく，一人ひとりの「私とコミュニケーション」というテーマの捉え方が異なることに気づき，表現の多様性を知ることが目的である。

【ソルト氏の感想】

● 「20の私とコミュニケーション」について

　私は自分自身の実体験を基に，自分なりに書いてみました。実体験から得たものですが，すべてに共通するような内容にまとめました。このように考えて書くようなワークは得意分野だと思います。書いているときは楽しんで考えていましたが，むしろ，自分の意見が受け入れられるかどうか心配でした。しかし，それぞれの参加者が，私の考えとご自分の考えを結びつけて解釈してくれたこと，私のコミュニケーションに対する信念を受け入れてくれたことがとても嬉しいと思いました。私が考えた「私とコミュニケーション」を紹介します。

① 私はコミュニケーションに時間を使うのが好きだ（時間の共有）。
② 私は，メール，電話より直接会うコミュニケーションが好きだ。
③ 私は文明の力に頼らないコミュニケーションが好きだ。
④ 私は一方通行ではなく，相互に流れがあるコミュニケーションが好きだ。
⑤ 私は感情よりも思考によるコミュニケーションの方が好きだ。
⑥ 私は目先でなく，先を見据えたコミュニケーションの方が好きだ。
⑦ 私は周囲に流されない自分の意見を持ち，相手の意見も尊重できるコミュニケーションが好きだ。
⑧ 私はお互いが歩み寄れるように努力し合うコミュニケーションが好きだ。
⑨ 私はお互いが築いていくことができるような関係のコミュニケーションが好きだ。
⑩ 私は私利私欲でなく，相手，お互いのことを理解し合えるコミュニケーションが好きだ。
⑪ 私はお互いを支え合うようなコミュニケーションが好きだ。

⑫ 私はお互いの違いを理解し合い，わかり合えるようなコミュニケーションが好きだ．
⑬ 私は自分の考えを押しつけるのではなく，相互に理解し合えるコミュニケーションが好きだ．
⑭ 私はお互いの足りない点をお互いに協力し合って支えていけるコミュニケーションが好きだ．
⑮ 私はお互いが同じコンセプトを築き，共有し，それに向かっていけるコミュニケーションが好きだ．
⑯ 私は相手を同一の立場として受け入れてくれるコミュニケーションが好きだ．
⑰ 私はお互いの個性，立場，性格を認め合うことができるコミュニケーションが好きだ．
⑱ 私は共通の趣味，話題を共有しあえるコミュニケーションが好きだ．
⑲ 私はお互いの長所をのばし合えるコミュニケーションが好きだ．
⑳ 私はお互いが相手を許し，楽しく，気持ちよくコミュニケーションをはかれる場が好きだ．

● 自分のコミュニケーションに対する信念について

　自分自身，あらためてコミュニケーションについて考えたことがなかったのですが，20の文章を考えているうちに，自分のコミュニケーションに対する定義づけができたように思え，このように文章にしていく活動は自分に合っていると思いました．他の参加者の話を聞くと，一つひとつが具体的でその場の状況に限定された内容が多かったのですが，私の文章はすべて概念的な内容でした．

6-図2　数字を題材にした
活動のシェアリング

●シェアリング

　もっと具体的な内容を書けばよかったと思いましたが，その基には実体験があるので，皆さんから，「ソルトさんの考えは実体験に基づいていることだから，そのままでいいですよ」と言ってもらい安心しました。私の発表に対して他の参加者から感想を聞くことができましたし，お互いの文章を照らし合わせて意見交換をすることができました。お互いに意見を出し合うことで相互に学び，理解を深めることができたように思います。特に，ある参加者から，「自分の困っていることをソルトさんの文章を聞いて，解決策が見つかった」と言っていただき，互いに学び合うコミュニケーションが実現できたことをうれしく思いました。

3) 知的素材によるコミュニケーションの実践

　ここでは，ソルト氏の優位性を応用したテーマ，内容を展開するために，「数字」と「写真」を選び，ワークショップという形で展開した（6-図2）。ソルト氏の関心が高い数字と写真を取り上げた。

数字ワークの中では，ソルト氏は「2」という数字を選んだ。他の参加者は，自分や家族の生年月日を思い描く人が多かったが，ソルト氏は数字にこだわりがあり，2に関するイメージも普遍的で美的な哲学的思索があると感じることができた。

　また，「写真ワーク」(6－表1)では，あるテーマで選んだ写真に対して，それぞれが感じたことを単語であらわしたり，音をイメージして擬音・擬態語をつけてみたり，あるいは短いポエムをつけてみた。同じ写真を見ても解釈はいろいろあり，それぞれの表現はすべて違うが，どれもまちがいではないことを参加者同士で確認し合った。ソルト氏は自身が撮った写真に関して，他の人が自分の思いとは別の解釈で，その写真を見ていくことがあるということを知り，解釈の多様性の意味が理解された。

【ソルト氏の感想】

●苦手意識と好奇心

　今回は，楽器を使うワークがありました。私も音楽には親しんできましたので，自分のロールピアノを持参して，ワークの中に取り入れていただきました。おもちゃの楽器や民族楽器のような珍しい楽器があり，初めての楽器も多かったのですが，どんなふうに鳴らすんだろう，どんな音がするのだろう……と，興味がわいてきました。動くことに苦手意識がありますが，今回は，楽器に対する好奇心がいっぱいで，苦手感覚を忘れてワークに参加していました。

●即興性に関して

　数字に関係のある身体活動では，数字は好きでしたが，身体を動かすことが苦手なので，得手不得手を同時に行うことになり，ぎこちな

6-表1　写真ワーク

ねらい	内容
テーマに関連したウォーミングアップ 　コミュニケーション	1．ウォーミングアップ「写真探しゲーム」 　　2人組みに分かれて，ポラロイドカメラで撮った写真の場所を探し出す遊びを行う。
テーマの提示 　テーマに出会う 　段階の設定	2．写真に出会う 　　数枚の写真を部屋の何か所かに飾っておき，さまざまな写真が今日のテーマになることを知る。
テーマの具現化1 　イメージを言葉にする 　条件を限定する	3．写真遊び「言葉編」 　　写真1枚を数人で見て，それに対し，感嘆詞，あるいは，吹き出しに書ける程度の短い言葉を入れていく。
テーマの具現化2 　写真のイメージを体で表現 　即興表現の意味	4．写真遊び「身体編」 　　写真を見て，二人で，その写真の形，イメージを身体表現で表す。考えて作りあげるのではなく，即興表現する。
テーマの具現化3 　イメージを音で表現する 　仲間の解釈を受け入れる	5．写真遊び「音編」 　　用意した数種類の楽器の音を試し，その音のイメージに合う写真を選びだし，音で表現する。
テーマの具現化4 　イメージを詩で表現する	6．写真遊び「詩編」 　　「道」の写真から数枚を選びそれらの写真に一行の詩をつける。
メインの活動 　総合的な表現 　共同作業	7．写真作品作成 　　上記の詩を2～4名で持ちより，それぞれのイメージを話し合い，音とナレーションをつけて作品を作りあげていく。
エンディング 　アプリシェイトする	8．発表 　　上記の作品を仲間に披露し，シェアする。

い動きになりました。すべて即興で動かなければならず緊張しますが，この場では，結果よりもみんなで即興的に活動すること自体を楽しめばいいというポリシーがあるので，好きな数字が入っていることもあって，自分がみなさんを誘導していきました。5人で円を作るとか，

6-図3「数字ワーク」
4人で三角形を作る

4人で三角形を作る課題では頭の中に完成図を思い浮かべることができ，自分から皆さんに「私が頂点になりますから，そちらは底辺になって下さい」と提案することができました（6-図3）。できあがった時はメンバーの方々と気落ちがひとつになったという感覚を持てて嬉しくなりましたし，自分の考えを実現できて大きな自信になりました。

●数字に関して

　数字に対して私は小さいころから愛着心があり，よく電卓で遊んでいたことがありました。また，自然科学にも興味があり，それらに関係する数字はどんどん吸収して覚えていきました。それが楽しくて仕方がありませんでした。このワークでは，それぞれ好きな数字を選び，選んだ数字から連想することを思い浮かべ，それをお互いに発表しました。他の参加者は，ご自分やご家族の誕生日などにまつわる数字を挙げていた例が多かったと思います。しかし，私は数字というと真っ先に自然科学の類の数値を思い出します。今回は「0から9」の数字からひとつを選んでの発表でしたが，私は「2」を選び，2にまつわる話を集めて発表しました。テーマのイメージは「対」です。「静と動」，「陰と陽」というふうに，2という数字から世界を大きく眺めると，いろいろな現象を思い浮かべることができます。イメージは無限に拡がります。

●ブレインストーミング

　ブレインストーミングの活動では,「数字」や「写真」をキーワードにして参加者全員で作成していきました。自分からイメージを拡げていくことがなかなかできなかった一方,他の参加者が広げていく様子を見て,皆の発想力の豊かさがとても刺激的でした。そして,私も思いつく言葉や連想する言葉を書いていきました。私の言葉をつなげて,単語を書いてくれる人もいました。私も,誰かが書いた言葉を拡げていくこともでき,徐々に言葉のマップが拡がっていく過程を見て,とても興味深く,楽しめました。いろいろな人の発想がつながっていくという体験はとても興味深く,一緒に楽しんでいるという感覚を得ることができました。

4）コミュニケーションリーダー体験

　ここでは,ソルト氏がコミュニケーションリーダーとしてワークショップを行った（6 - 図4）。ソルト氏がファシリテーターとして取り上げたい内容をピックアップし,それをもとに新しいプログラムを一緒に考えた。ここで使用した写真は,ソルト氏がたくさんの写真の中から,「日の出と日の入り」というテーマで選んだ世界各国の写真（6 - 図5）を使用した。

　ソルト氏は,緊張しながらも完璧にシナリオ通りにワークショップを実行することができた（6 - 表2）。真摯に話す姿が印象的で,参加者もその態度に導かれるようにワークに集中していった。ファシリテーターで難しいのは,内容が即興的であればあるほど,即興的に対応する場面が多く,非常に難しいものであるが,ソルト氏はどのように参加者と向かい合えばいいのかを的確に捉えて,ワークショップの中で活かしていた。ワークショップの全体の流れを明確

6-図4 ファシリテーターとして
　　　ワークショップを行う

6-図5 ワークショップで使用した
　　　写真の一枚（ソルト氏撮影）

に捉えており，適切なインフォメーションと適度な即興性，それぞれの参加者に自由な発言を促し，活動に取り入れていくという流れは完璧だった。柴田氏のファシリテーターとしての動きや発言を自分の方法として取り入れ，アレンジしたものと思われる。

【ソルト氏の感想】
　●ファシリテーターについて
　　ファシリテーターを行う前は，「自分が浮いてしまわないか，受け入れてもらえないのではないか」と心配でした。しかし，いざはじめたところ，積極的に参加してくれたので，すごく嬉しかったです。参加者全員が私の撮った写真を基に，さまざまな課題に一生懸命取り組んで下さり，楽器やポエムなどを通じて写真に対するイメージを表現して下さいました。写真を通じてお互いの感覚を出し合い，理解し合い，共有できた時は相互のコミュニケーションがかみ合っていることを強く感じることができました。
　●相互交流について
　　「私とコミュニケーション」で書いたように，私は皆一人ひとり違

6－表2－1　コミュニケーションリーダー体験

㋞ソルト氏，㋐アシスタント，㋱メンバー

ねらい	内容
テーマに関連したオーミングアップ 　コミュニケーションジグソーパズルに出会う 　ジグソーパズルの提示 　部分と全体の概念 　共同作業	1．ウォーミングアップ「写真パズル」 　テーマになる写真をジグソーパズルにしておき，一人4枚のジグソーパズルを手に取り，全員で完成させる。 ㋞ばらばらにしたジグソーパズルを小さな箱の中に入れておき，それを皆さんに4枚ずつ取ってもらい，ジグソーパズルを完成させることを指示する。 ㋐ジグソーパズルの入った箱をメンバーの前に置く。 ㋱全員で選んだ4枚をパズルの枠にはめていく。
テーマの提示 　テーマに出会う 　写真に会いに行く 　写真の提示の仕方 　写真を眺める 　眺める時間を確保する 　インフォメーションをする 　視点を変えさせる	2．写真に出会う 　少し大きくした写真8枚を部屋に点在させ，そのテーマ性に目を向けるようにする。 ㋞あらかじめ，写真8枚を部屋の好きな場所に置いて用意しておく。置く時の位置もなるべくいろいろな位置にする。写真を全部眺めた後，1人1枚くらいの要領で，写真を手に取ることをインフォメーションする。 ㋐写真の配置を手伝う。 ㋱手にしたら，指示された場所に集まってくる。
テーマの具現化1 　共通項を探す 　イメージを言葉にする 　感想の言葉を考える 　形容詞を使う 　質問の仕方 　仲間の言葉を聞く	3．写真遊び「イメージ編」 　8枚の写真に共通している項目やテーマを出したり，その写真の感想を形容詞で表現してみる。 ㋞メンバーに，テーマは何だと思うか質問をする。それを聞いた後に，写真を形容詞で表現したら，どうなるかを考えてもらい，それを口頭で発表してもらうね，インフォメーションする。 ㋐必要に応じて，形容詞の例を挙げる。 ㋱各自が考えた言葉を述べる。

6-表2-2　コミュニケーションリーダー体験

ⓈソルトŒ, Ⓐアシスタント, Ⓜメンバー

ねらい	内容
テーマの具現化2 　写真のイメージを音にする 　即興表現の意味 　楽器の多様性と奏法 　写真と音の関係性 　音の響きを意識する 　聴覚的な刺激 　詩を意識した音作り	4．写真遊び「音編」 　用意した数種類の楽器の音を試し，その音のイメージに合う写真を選びだし，音で表現する。 　Ⓢ用意した楽器の音を試してもらい，その8枚の写真に合う楽器でイメージの音作りをしてもらうよう指示する。時間もある程度決めて，提案するが，ここでは次の詩に繋げるために，音の発表は特に設けない。 　Ⓐ楽器を扱いやすいように配置する。楽器の選定をする。 　Ⓜ詩をイメージしながら音を試していく。
テーマの具現化3 　イメージを詩で表現する 　キャラクターの登場 　テーマを意識する 　ストーリー性を作る 　共通項を作る 　枠組みの中に詩を入れる 　オリジナルの詩	5．写真遊び「詩編」 　8枚の写真を繋ぐための「ソルト君」(キャラクター)を登場させて，その8枚が一つのストーリーになるように仕上げていく。 　Ⓢ「ソルト君，旅に出る」という物語で，太陽と地平線を眺めるというテーマを持ったソルト君が，いろいろな国を旅するという設定をメンバーに説明する。それをもとに，各自が短い詩を作ることを提案する。 　Ⓐソルト君のキャラクターをペープサート的に大きさを変えて用意し，ストーリーの枠組みを話す。(写真が変わるごとに同じパターンの文章なりが出てくるようにして，枠組みを明確にする。) 　Ⓜ各自，1枚の写真に詩をつける。
メインの活動 　総合的な表現 　共同作業 　全体的な流れ 　写真絵本のように捉える 　創造性 　作品を作る意味	6．写真作品作成 　それぞれイメージした音と詩を発表し，どの順番でそれを仕上げると良いか，意見を出し合う。 　Ⓢ8枚全体で一つの流れになるように，詩と音を各自が担当する，あるいは，他の仲間に手伝ってもらうよう協力し合って作品を作ることを提案する。 　Ⓐそれぞれの繋ぎ目としての音や言葉は，柴田が担当することを伝え，その音とナレーションを伝える。 　Ⓜ各自のものを持ちより，ひとつの作品に仕上げる。

6-表2-3 コミュニケーションリーダー体験

㋛ソルト氏，㋐アシスタント，㋱メンバー

ねらい	内容
エンディング 　作品を披露する 　共同作業 　ポジショニング 　発表の演出 　アプリシェイトする	7．発表 　上記の作品を披露し，シェアする。 　㋛部屋のどこで，どの向きで，どのように見せるのか，聞かせるのかを意識して発表をすることを促す。 　㋐発表がしやすいようフォローする。 　㋱発表することを楽しむ。

うし，違っていいというコンセプトを大切にしたいと願っています。今回，このようなコンセプトがワークショップの場に下地としてあったことがとても重要なポイントだったと思います。違った者同士がお互いを理解しようとしていることが大切であり，だからこそルールがなくても，違う考えの相手を自然と理解することができたと思います。このコンセプトは同時にワークショップ全体の士気を高めていると思いました。コンセプトを理解している人たちの集まりだからこそ，自分も仲間に入ることができ，自分自身を表現しようとする気持ちになれたと思います。逆にもうすでにでき上がった世界で，その場のみの正解があって，まちがいを指摘されたり，よそ者を排除するような空気があるような場合，私はとけ込むのに大変で，一緒に活動できないのでは，という苦手意識も出てきていたかもしれません。

3. トータルコミュニケーションワークショップに関する考察

①一つひとつの活動に真剣に取り組み，意見を述べるAS当事者に触発され，他の参加者が自己開示的になり，グループダイナミクスに変化がみられた。参加者はAS当事者の言葉に触発され自己

開示的になり，対人場面で自分自身が困っている点を言語化していった。そのこと自体，専門職としての自分自身のアイデンティティに関わることであったが，これまで語ることがなかった実感を言葉にあらわし，そのことをシェアすることによって，負の部分を持った自分を受け入れることができたという。また，ある参加者は，「他の人とは違う自分を大切にしたいと思った」と言い，ある人は，「特定のグループに入りたくない自分でも大丈夫という安心感が持てた」と語った。ほかにも，「新しい場所が苦手だった」，「本当はひとりでいる方が好きだ」というように，それぞれの参加者が自己開示的になり，自分自身の新たな向き合い方を発見する機会となった。その後のワークショップでは，より自己開示的にシェアする雰囲気が生まれ，いつもと違う自分を出そうとする人もあり，グループダイナミクスに変化が見られた。ワークショップなど，参加型の活動の中では，このようなグループダイナミクスの変化が非常に重要な意味を持つ。それはファシリテーターが操作的につくり出すものではなく，また，ひとりのリーダー格の参加者が単独でつくり出すものでもない。つまり，グループダイナミクスは，参加者の自発的な言動，雰囲気，環境によって全員で創造していくものであり，そういう意味でも，今回のAS当事者とともに体験した活動は，ワークショップの在り方の原点を示してくれたと言える。

②今回採用した表現活動のメニューは，唯一決まった正解というものがなく，それぞれの参加者が感じたままを表現することに価値があるものだった。それゆえ，何かを表現する際の抵抗感，誰かにまちがいを指摘されるかもしれないという不安感がなく，安心

して表現することに取り組むことができたと思う。正解がない活動に不安を覚える場面もあったが，その不安感は誰にもあることであり，まちがいがないこと，それぞれの人の解釈のちがいが表現の多様性，個性的な創造力として受け止められることを体験し，正解がない活動を楽しむことができるようになったことは大きい。特に，ワークショップの中ではAS当事者が持つ優位性は，非常に創造性が高いものとして称賛の対象になった。当事者自身も，普段の生活の中で当たり前だと思っている感覚や表現が，非常にクリエイティブなものであると評価され，その狭くて深い認識，鋭敏な感覚が，表現活動において称賛の対象になる体験をすることとなった。大切なことは，自分自身の特性を自分自身の個性やよさとして実感することであり，ファシリテーターに求められるのは，実感できる場を豊かに提供することではないだろうか。

③表現活動の場合，身体と五感を使った活動がその中心となるので，誰にでも苦手な表現方法，表現媒体が出てくる。ASの苦手な分野である協応的な身体の動きや，聴覚的・視覚的な刺激に対する過敏性が，表現を制限してしまうことにもなりうる。今回のワークショップでは，苦手な分野の表現活動も取り入れた。たとえば，「ストップ＆ゴー」では，大きな戸惑いを示したが，未知の楽器を使用することによって，動きへの意識が和らいで姿勢もよくなり，動きがスムーズになった。苦手な活動内容でも苦手感を調整するようなアレンジを加え，何度か試してみること，苦手感のあるものと得意なことを組み合わせること，指導者側の立場で同じ活動を行ってみることなど，プログラムに変化を加えることによって，その表現自体の捉え方が変容し，本来持っていた不

得手感の軽減または解消につながっていくことがわかった。苦手意識があっても，多角的にアレンジされた手法を駆使することによって，さまざまな内部感覚が統合され，ぎこちなさが解消していくことが実証された。

④ AS 当事者の優れた認知特性を活用したコミュニケーションワークショップではあったが，それは当事者に限られた特性ではなく，すべての人がそれぞれに持っている特性でもあった。一人ひとり異なる特性を活動の中で尊重する体験は，当事者だけでなくすべての参加者が「承認する承認される」という双方向の承認行為を実感し，自己存在感を味わうことができたと思われる。ワークショップ形式の表現活動は，自分が人に喜びをもたらし，影響力を及ぼすことができる体験であり，自己肯定感，自尊感情を満足させることに導かれるものでなければならない（柴田，2009）。今回のワークショップは，特性の違いが大きい AS 当事者が参加することによって，参加者同士がお互いの違いに注目することができ，自分の特性を受けとめること，お互いに違いを認め合うこと，お互いの違いを尊重し合うことをより深く実感できた。さらに，AS 当事者との対話を通して，それぞれの人が自分自身のよさを大切にしていく必要性を実感することができた。

⑤ ソルト氏はファシリテーターの言語的表現を厳密に解釈し，その結果，周囲の人々とのやりとりに戸惑いを感じている様子が見られた。しかし，その場のコンテクストが言語的に補足説明されることによって，テキストの意味が他者と共有され，了解することができ，安心感を得ることができた。

⑥ 書く活動はどのような場面においても，ソルト氏が安心して取り

組むことができる活動だった。動きや言葉でシェアするときよりも、考えを文字化し、他者の考えを書いたものを見る時の方が、「一緒に楽しんでいるという実感を持つことができた」という。納富（2006）は、自閉症スペクトラム児の社会性を育てるために、イラストやまんが教材を使って、他者の気持ちや自分の気持ちを理解するための教材を作成した。絵や文字を使って視覚的な情報を豊かに与えつつ、やり取りをすることによって、楽しみながら相互理解を促進するとしている。われわれの行ったワークショップでは、色鉛筆による感情の表現、記号や感嘆詞などで感情を視覚的にあらわす手法を取り入れ、参加者がお互いの受け止め方や感じ方を相互理解するような活動を行ったが、ここでの活動は納富（2006）の開発した教材の目的と相通じるものである。

⑦活動にはソルト氏が関心を持っている「数字」や「写真」を随所に取り入れた。苦手とする身体表現においても数字の要素が入ると、姿勢がよくなり表情も生き生きするという変化が見られた。また、自ら積極的にアイデアを出すなど、コミュニケーションの量的・質的な変化をみることができた。「興味や関心、好奇心が勝ると、苦手意識が解消する」という彼の言葉は、これまでのASDのコミュニケーション教育では重要視されてこなかったように思う。高良（2009）が挙げた「受容体験」、「孤独からの回復」、「私だけではないという感覚」、「他人の助けになっているという愛他性」、「安心して楽しい時間をすごす」が満足されたグループは、ASDの苦手な部分を凌駕し、不安感を解消する場となっていく。グループのよさは、他者と楽しみを共有できることでもある。誰でも自分が関心を持っていることを誰かに伝えたいと思

う。そして，そのことを共有できたときに，さらに詳しく語りたいと願うだろう。そういうなかで，人は自ずと自分自身がなにを考え，どう感じ，どのような世界観を持っている人間なのかを漠然とわかってくるものなのではないだろうか。言葉で語ることは，他者に伝えると同時に自分自身を追求していく作業でもある。「私が私をわかる」とは，他者と向き合い，同時に自分自身と向き合う中で，深まっていくものなのではないかと思う。ソルト氏とのワークショップは，グループに慣れて麻痺してしまった私たちの感覚を戒め，グループの真の意味を再認識させてくれた。

Ⅶ　まとめ

　トータルコミュニケーションワークショップは，ASの認知特性を活かした活動を中心に計画・実施されたが，当事者の特性を活かすだけでなく，それぞれの参加者が持っているそれぞれの認知特性も同時に活かす活動となった。ソルト氏の撮った写真は，彼自身の感性と視覚的な美的センスが表現されているが，それを通して参加者それぞれの内側に持っている世界観が引き出されていった。彼の撮った写真を見ながら語りに耳を傾ける中で，触発され表出してくる自分自身のイメージを，音や言葉にあらわしていく創作者としての姿がそこにはあった。最後にAS当事者がファシリテーターとなった時に，参加者がそれぞれに創作した詩がそれをあらわしている。

　フィッツジェラルド（Fitzgerald, 2005）は，自閉症と芸術的独創性との関連について，「アスペルガー症候群のある側面，たとえば，

『仕事の虫』であること，苦痛に対する異常なほどの忍耐力は，さまざまな形の独創性を触発する可能性がある。アスペルガー症候群の人々は，自らの知的世界の中で暮らしており，ある種の独創性は知的興味によって支えられている」と言う。また，「彼らはことのほか好奇心が強く，事細かに細部まで注意を向け，100％それに没頭する特性を芸術的成功を促進する要素である」とし，「作品を創造することが自らを助け，自己の療法と化している」と言及している。芸術作品を創造することがアイデンティティの確立にいたる営みであるとするならば，そのプロセスに関与することは，ひとつの心理教育的な意味があるのではないだろうか。

　彼らの大きなエネルギーを向ける趣味やこだわりの世界は，コミュニケーション上の妨げになるという考え方があるかもしれない。しかし，今回のワークショップでは，AS当事者のこだわりの世界は，他者とのコミュニケーションツールとして活用されていた。それまではひとりで楽しむ趣味の世界だったものを，人との関係性を築く媒介物として活用したのだ。誰でも，自分が大切にしていることを同じように大切にしてくれる人がいることは，大きな喜びであることにはまちがいない。趣味やこだわりの世界を共有して人との関係性を築くという方向性は，コミュニケーションを活性化させるために非常に有効な手法だと思われる。トータルコミュニケーション教育法は，それぞれの解釈の違いそのものが尊重されるので，一人ひとりが持っている個性・特性が常にポジティブに受けとめられ，自分自身のオリジナリティが尊重される機会となり，自分がここにいていいという自己存在感を実感できるコミュニケーションの場となる。ソルト氏は，自身の特性に対して，「アスペルガー症だから

……」という認識を持っていたが，ワークショップの中では，人とは違う個性としてそのよさを発揮していた。もちろん，それを可能にしたグループの存在が非常に大きいものであることはいうまでもない。ASの人々のためのコミュニケーション教育を行う前に，私たち自身がお互いの違いを認め合う関係性を大切にしているかどうか振り返ってみる必要があるのではないだろうか。

　それぞれ持っている特性や嗜好性は一人ひとり異なる。異なっているからその違いが表現活動を豊かにする。一人ひとりの違い，一人ひとりの個性を尊重し合い，お互いに刺激し合って，お互いが多様な見方・考え方が尊重される社会になっていくことを期待したい。

　なお，このトータルコミュニケーションワークショップは，DVDとして編集してあり，富山大学学生支援センターアクセシビリティ・コミュニケーション支援室（H-A-C-S）のHPから閲覧できる。

文　献

Fitzgerald, M. (2005) The Genesis of Artistic Creativity : Asperger's Syndrome And The Arts. Jessica Kingsley Publishers, London.（井上敏明監修 (2009) 天才の秘密：アスペルガー症候群と芸術的独創性，世界思想社.）
五十嵐一枝 (2005) 軽度発達障害児のためのSST事例集．北大路書房．
伊藤一美 (2009) ソーシャルスキルトレーニングとは何か？ In (NPO星槎教育研究所) クラスで育てるソーシャルスキル，日本標準．
小貫悟，東京YMCA ASCAクラス (2009) LD・ADHD・高機能自閉症へのライフスキルトレーニング．日本文化科学社．
鯨岡峻 (1997) 原初的コミュニケーションの諸相．ミネルヴァ書房．
鯨岡峻 (2000) 養護学校は，いま：重い障害のある子どもたちと教師のコミュニケーション．ミネルヴァ書房．
西村優紀美 (2000) 子どもの興味から始まる総合的な学習：子どもの特性と長所を活用する特別支援教育．明治図書出版．

西村優紀美, 柴田礼子, ソルト (2010) ASD の優位な認知特性を活用したコミュニケーション教育法の開発：相互交流の質的分析と行動の変容. 富山大学トータルコミュニケーションサポートフォーラム報告書.

納富恵子, 今泉佳代子, 黒木康代 (2006) イラスト・まんが教材で「気持ち」を理解：自閉症スペクトラム児の発達支援. 川島書店.

柴田礼子 (2009) 子どものためのたのしい音遊び：伝え合い, 表現する力を育む. 音楽之友社.

繁多進, 二宮克美 (1995) たくましい社会性を育てる. 有斐閣選書.

高良聖 (2009) 特集にあたって：グループを考える. 臨床心理学, 9(6): 713-718.

高山恵子 (2008) セルフエスティームを育てる SST. In (前田ケイ, 安西信雄編) 本人家族のための SST 実践ガイド, こころの科学増刊.

田中康雄 (2008) 発達障害と SST. In (前田ケイ, 安西信雄編) 本人家族のための SST 実践ガイド, こころの科学増刊.

辻井正次, 野村香代 (2008) 高機能広汎性発達障害の子どもへの社会性を伸ばす支援. In (前田ケイ, 安西信雄編) 本人家族のための SST 実践ガイド, こころの科学増刊.

渡辺弥生 (1996) ソーシャル・スキル・トレーニング. In (内山喜久雄, 高野清純監) 講座サイコセラピー, 11：6-7.

第7章

就職活動支援ストラテジー

吉永崇史

I　はじめに

　近年，大学における発達障害学生支援への関心が高まっている。その背景には，小・中学校でのおもに発達障害のある児童生徒に対する個のニーズに応じた教育を行う特別支援教育の普及や，平成19（2007）年から2年間実施された高等学校における発達障害支援モデル事業による問題意識の高まりにより，数年後には本格的に特別支援教育を受けた生徒が大学を受験する現状がある（日本LD学会研究委員会研究プロジェクトチーム，2008）。また，平成17（2005）年4月に施行された『発達障害者支援法』の中でも，「大学及び高等専門学校は，発達障害者の障害の状態に応じ，適切な教育上の配慮をするものとする」（第8条第2項）と明記されており，発達障害大学生の支援がすべての大学教職員が負う責務であるのは論を待たない。
　従来，多くの大学では保健管理センターや学生相談室といった学生のメンタル支援を担う学内部門を中心に，発達障害大学生の支援

が行われている (福田, 1996；岩田, 2003；中島, 2003；西村, 2006；浦野・細澤, 2009；毛利, 2009；屋宮, 2009；松瀬, 2009)。しかしながら，相談スタッフや指導教員の個人的な配慮に一任されていることが多く，大学が組織的に発達障害学生支援に取り組んでいるとはいい難い (日本LD学会研究委員会研究プロジェクトチーム, 2008)。

上記の現状を打破するために，富山大学では，発達障害学生支援の専門組織であるトータルコミュニケーション支援室 (正式名称はアクセシビリティ・コミュニケーション支援室トータルコミュニケーション支援部門) を全学組織である学生支援センター内に設置し，発達障害の診断の有無に関わらず，対人関係 (social interaction) やコミュニケーション上の問題を抱える学生の支援を包括的に行っている (斎藤, 2008；西村, 2009；斎藤・西村・吉永, 2009)。

学生が主体的に民間企業や行政機関等の事業組織 (以下, 事業組織) に応募し，筆記試験や面接等の選抜試験を経て内定を得る活動 (以下，就職活動) の支援においても，大学と学外の支援機関との連携を強化するとともに，早めに支援につなげる仕組みを整えることが期待されている (小川・柴田・松尾, 2006)。しかしながら，いぜんとして大学における発達障害学生の支援は修学および生活上の支援に留まり，組織的かつ一貫した方針の下に就職活動支援を行っている国内大学はない。

本章では，発達障害大学生の中でも，自閉症スペクトラム障害 (Autism Spectrum Disorder, 以下ASD) の診断がある，もしくはASD傾向のある学生 (以下，ASD大学生) の就職活動支援に焦点を当てる。ASDの診断の有無に関わらず，大学が学外支援機関と協働しながらも，主体的に学生への就職活動支援を行うことのできる組織・ネッ

トワーク作りと支援戦略策定を含む実践モデルを提起する。

II ASD大学生が直面する就職活動の困難さ

現状において，発達障害大学生の中核にあるのはASD大学生である。平成20(2008)年5月現在，大学に在籍する診断のある発達障害学生のうち，約74%がASD大学生である（日本学生支援機構, 2009）。診断の有無を問わず発達障害学生支援を行っている富山大学においても，平成22(2010)年6月現在，未診断の学生を含めたASD学生比率は約70%(46人中32人，ADHDとの複合ケース含む)となる。

ASDの特徴は，①コミュニケーションの障害：言葉を字義通りに受け取る，②社会性の障害：常識が乏しく集団の中でうまくいかない，③想像性の障害と固執傾向：同じ状況へのこだわりが強く新しい状況に適応しづらい，の3つとされる（Wing, 1996；福田, 2008）。その原因はなんらかの生物学的な要因による中枢神経系の障害とされ，生まれつき，あるいはごく早期から持ち，医学的に根本から治す治療法はない（福田, 2008）。

日本における事業組織では，その場のコンテクストを察した上で，共感に基づく対話を行いながら関係者と協働することが求められる（林, 1994；Yoshinaga and Toyama, 2007）。そのため，職務経験がなく，実践能力に乏しい卒業見込みの学生に対して，事業組織が求めるのは，主として主体性，成長意欲，柔軟性，コミュニケーション能力の4つの資質である。ASD大学生は上記の特徴ゆえに，短時間のうちに行われる就職面接において，いずれの資質もアピールするこ

とが苦手である。

　就職面接にいたるまでにも，ASD大学生は多くの問題を抱えていることが多い。履修上の問題でつまずくことが多く，留年や成績不良などの理由により，他の学生より不利になることもある。履修の遅れにより，就職活動と学業を同時平行で進めざるをえない場合もある。また，二次障害などにより自尊感情が低いと，自信のなさから早々に就職活動をリタイアしてしまうこともある。就職活動をする前からあきらめてしまうことも少なくない。

　大学生が行う一般的な就職活動（学生は「就活（シューカツ）」と呼んでいる）に直面したASD大学生の困り感を，複数の相談事例を複合させて以下のように5つ提示する。

- 就職活動の全体の流れをつかむことが難しく，どのように進めていけばよいか見当がつかない。就職活動の波に乗れているか否かがわからず，周囲の動きを見ては焦ってしまう。
- 就職活動の適切なスケジュールを立てることが困難で，立てられたとしてもうまく管理できていないと感じてしまう。プライベートや学業との兼ね合いがうまくいかなかったり，自分のペースを超えて予定を詰めすぎたりして，心身ともに負担がかかっていると感じる。面接日時がダブルブッキングしたときや，内定を複数もらったときにどう優先順位をつけてよいかがわからない。
- 自分の長所がないように思え，どのような仕事ができるのかが想像がつかない。就職サイトへの登録時に求められる希望業種などのアンケート項目一つひとつにどう回答すべきか逡巡して

しまう。応募時に提出が求められるエントリーシートに記載する自己PRと志望動機をうまくまとめることがなかなかできず，作成に多大な時間をかけてしまう。
- 面接の場で黙りこんだり，意欲をうまく伝えたりすることができない。グループ・ディスカッションで他の学生と協調がうまくいっていると感じることができず，採用担当者と視線を合わせていないのではないか，採用担当者の質問にどう受け答えすればよいか，面接中に不安になる。
- 特定の業種や職種へのこだわりをうまくアピールすることができないと感じる。面接に落ち続けても，応募先をどのように変更していけばよいのかがわからない。

一方で，ASD大学生には，行政・福祉機関の支援を受けて，障害者雇用率制度に基づく就職（以下，福祉就労）活動を行う選択肢もある。企業，行政機関ともに，一定の比率で手帳を持つ障害者を雇用する義務がある。現状，発達障害に対して交付される障害者手帳はないため，発達障害者は，療育手帳，もしくは精神障害者保健福祉手帳を取得することになる。発達障害者の就労支援は，ハローワーク，地域障害者職業センター，障害者就業・生活支援センター，発達障害者支援センターなどによる関係支援機関同士の連携支援により，手厚い支援が行われている。しかし，以下の点において，福祉就労支援のスキームは，ASD大学生を取り巻く現状とは大きな隔たりがある。

まず，ASD当事者の手帳取得は一般的ではなく，さらに，仮に手帳を取得したとしても，身体障害者や知的障害者よりも就労が困

難である。2007年に実施された日本自閉症協会員とその周辺の当事者家族を対象とした調査結果によれば，アスペルガー症候群と高機能自閉症当事者の手帳取得率は55.4％であり，そのうち63.4％が精神障害者福祉手帳を取得している（望月，2009）。大学進学時に求められる知的能力を考慮すると，ASD大学生は精神障害者福祉手帳を取得するケースがほとんどであろう。一方で，精神障害者の雇用は他の障害に比べて進んでいない。厚生労働省が発表した平成21（2009）年6月1日現在の民間企業における障害者雇用人数は約33万3千人であったが，そのうち精神障害者の雇用は約8千人（2.4％）に留まっている。

次に，診断があり当事者が障害受容をしていることが福祉就労支援の前提となっている。これらの条件を満たさなくても福祉就労支援機関への相談を行うことは可能であるが，支援関係者からは「困難事例」として語られることが多い。

本人の障害認識がない場合は，「障害」を冠した支援機関を利用することが不可能であるため，さらに対応が困難となる。厚生労働省は，診断がなく障害認識のない求職者への対応を行うために，平成19（2007）年度より若年コミュニケーション能力要支援就職プログラムを実施している。具体的には，ハローワークにおいて，発達障害などの要因によりコミュニケーション能力に困難をかかえている求職者について，その希望や特性に応じた専門支援機関に誘導するとともに，障害者向けの専門支援を希望しない者についても専門的な相談，支援を行っているが，現在は，おもに大都市圏での実施に留まっている。

最後に，法定雇用率に基づく仕事のほとんどが，ASD大学生が

受けた高等教育を活かすことができない。募集があるのは，おもに清掃や社内便仕訳，雑用などの軽作業が圧倒的に多く，大学で身につけた知的好奇心や専門知識，思考能力が活かせない。当事者の自尊感情を傷つける可能性が高く，保護者の期待にそぐわないことも多い。

III　大学支援スタッフが直面する問題

　ASD大学生が抱える困難や社会的背景だけではなく，大学支援スタッフが抱える問題も多い。未診断の大学生をどのように把握すればよいか，本人に障害認識がない場合にどう支援を開始すればよいか，未診断の大学生に診断をうながすか否か，また診断のためにクリニック受診を勧めるタイミングはどうすべきか，保護者とどのように向き合っていけばよいか，といった問題は，福祉就労支援機関が抱えている問題と共通である。

　学内連携については，メンタル支援部門とキャリア支援部門とが適切に情報共有を行い，連携して支援を進めていくためにはどうすればよいか，の問題がある。ASD大学生の就職活動支援をどの部門が主導するか，という問題もある。

　学外連携については，障害認識がない，または障害受容の進んでいない学生に「障害」を冠した支援機関の利用を勧めるべきか否か，という問題がある。障害の有無に関わらず利用できる就労支援機関はハローワークだが，多くの求職者が利用しているため，担当者と話せる時間は学内の面談と比べると圧倒的に少ない。短時間で

ASD 大学生の特性を把握し，そこから適切な支援を提供することは困難である。その結果，本人の対人関係やコミュニケーション上の問題が見すごされ，やる気がない，自己肯定感が低いなどの判断をされてしまい，具体的なアドバイスを受けられないことも多い。

さらに，ASD 大学生を目の前にして，どのように就職活動支援をしてよいかの明確な指針があるわけではない。場面設定を行って実施する SST（Social Skill Training）だけでは，複数の面接担当者によって発せられるその場の対話の流れを重視した質問に受け答えしなければならない採用面接には対応できない。

高等学校や高等専門学校のように，雇用先と直接的な関係を保って就職につなげていく動きを作っていくことは，現状の大学におけるキャリア支援の枠外にあり，取り組むことが難しい。かりに取り組めたとしても，雇用先から継続的な支援を求められた場合，その要請に応えるために事業組織と長期的な協力関係を構築できるためのコーディネーター配置などの検討を行う必要がある。

以上の問題一つひとつに答えを見出し，支援を行っていかなければ，ASD 大学生に対する支援を大学が主体的に行っていくことは難しい。したがって，これらの問題を包括的に取り扱うことができる体制と支援の進め方について検討していく必要がある。

Ⅳ　ASD 大学生への就職活動支援の理論基盤

本章では，ASD 大学生，福祉就労支援機関，大学支援スタッフそれぞれが抱えている問題をふまえ，それらに効果的にアプローチ

するための支援組織・ネットワーク作りと支援プロセスの暫定的なモデルを構築することを試みる。本モデルの理論基盤は，トータル・コミュニケーション・サポート（TCS）論（斎藤，2008；斎藤・西村・吉永，2009）と，経営学によって開発されてきた諸理論，とりわけナレッジ・マネジメント理論である。

　TCS論は，発達障害の診断の有無に関わらず，すべてのコミュニケーションに関わる困りごとを支援の出発点とする。また，学生だけではなく，学生を支援しようとする教職員や家族への支援（メタ支援）も行う。さらに，大学在学中の学生のみならず，大学へ進学を希望する高校生や，大学卒業後の社会参加についてのシームレスな支援も視野に入れる（斎藤・西村・吉永，2009）。

　大学における学生支援に，マネジメントの観点が必要であることはこれまでも示唆されてきた（浦野・細澤，2009）。しかし，この観点は主に本人を取り巻く環境の調整の意味で使われており，本来のマネジメントが示唆する役割を十全に汲み取って議論されているとはいい難い。

　おもに経営学において，企業の経営者や経営支援スタッフによる実践を基にしたさまざまなマネジメント理論が構築されている。経営（マネジメント）とは，大まかにいえば，「人を動かして構想を実現すること」（加護野，2010，p.32）である。この行為を効果的，効率的に進めていくために，組織論，経営戦略論，人的資源管理理論組織論が構築されてきた。これらの諸理論によって蓄積してきた知見を基に，ASD大学生の就職活動支援をどうマネジメントしていけばよいか，について詳細に検討する。

　まず，組織論に基づく観点であるが，支援組織（チーム）作りの

視点と言いかえることができる。組織は，あらかじめ存在すると捉えるよりは，むしろ組織化していくプロセス視点に立って捉える（Weick, 1995）方が現実的である。

　組織とは，「少なくとも一つの明確な目的のために二人以上の人々が協働すること」（Barnard, 1938, 訳 p.67）そのものとして定義される。組織，つまり協働をどのように開始し，少しずつその範囲を拡げていく，ないし状況に応じて縮小させるためにどうすればよいか，といった問いが組織論の観点から生まれる。具体的には，ある ASD 大学生のために個別の就職活動支援チームを形成するにあたって，初期メンバーをどのように設定するか，目的をどこにおくのか，協働の範囲をどこまで設定するのかについての検討を，支援実践と並行してメンバー間で進めていくために当理論を活用することができる。

　次に，経営戦略論に基づく観点が有効である。戦略とは，組織内で合意された目的の達成のために，もっとも効果的で効率的な道筋（ロードマップ）のことである。経営戦略論は，組織（主体），環境（客体），ビジョン・目的（未来），組織構造・知識資産（過去）の 4 視点の組み合わせによって展開され，戦略はおもに達成すべき目的と組織構造（スキーマ）・知識資産の双方を革新するために必要な手段とされる（林, 1999）。支援チームの成長や拡大（もしくは縮小），また行政における支援制度や雇用環境の変化に応じて，適切に支援チームの達成目標や支援チームメンバーの役割分担を変更していく道筋を描くために，当理論を活用することができる。

　最後に，ASD 大学生の就職活動支援にもっとも重要な視点として，人的資源管理理論を取り上げる。人的資源管理理論では，企業が従業員のパフォーマンスを向上させ，能力を最大限に活かすこと，能

力を開発するために，研修（off the job training）のみならず実際の仕事の経験を通じて学ばせる（on the job training）ための考え方や方法論を追求している。具体的には，ASD大学生の持つ潜在能力を把握し，それが活かされるための環境や人間関係とは何か，また，本人がどのような方向で自己啓発していけばよいかを，本人と共同でアセスメントしていくために当理論を活用することができる。

　上記の3つの諸理論を基に開発された理論のひとつとして，ナレッジ・マネジメント理論（Nonaka and Takeuchi, 1995；Nonaka and Toyama, 2005；Nonaka, Toyama and Hirata, 2008）がある。ナレッジ・マネジメント理論は，異なる能力や役割を持つ人財同士を適切に連結させておのおのの強みが成果に結びつく（Drucker, 1966）ように形成した組織の活動から，新たな知識（支援ノウハウや支援目的）を創造するための一連のプロセスをマネジメントするための方法論として捉えることができる。具体的には，ASD大学生の就職活動支援を組織的に展開するにあたって，目的（ないしビジョン）を達成するための駆動目標を設定し，それを核として対話と実践のサイクルを連続的に駆動させる場を構築し，その活動から得られた知識を創造し，共有することで次の支援に活かしていくという，持続的な探究プロセスを進めていくためにナレッジ・マネジメント理論を活用していく。

V　ASD大学生への就職活動支援の準備

　前述した諸理論に基づき，ASD大学生への就職活動支援に先だって準備すべきことを示す。これらの準備をしておくことで，先だっ

て本人のために個別に形成された修学支援チーム，獲得した支援ノウハウ，支援ネットワークを活用してスムーズに就職活動支援を開始することができる。

　まず，支援を受ける大学生が主導的に就職活動支援を行う学内組織（以下，支援室）に定期的に来室する習慣を身につけさせることで，支援室に所属するスタッフ（以下，支援室スタッフ）と話をすることに慣れさせ，困ったときには本人が支援室に来て相談しやすくするための関係性作りを行う。支援室スタッフが複数いる場合は，なるべく多くのスタッフと共通の話題で話ができるような場を設定し，本人にチーム支援形態を慣れさせる。

　TCS論に基づき，早期の段階から支援室にて本人への支援を開始し，修学支援を通じた心理教育的アプローチによって自己理解を促進する。人的資源管理論の観点から，普段の面談において趣味の話題を出すことで，本人の関心のある方向性や高い能力について本人と共同で探っていく。この取り組みによって，自己PRや志望動機作りを修学支援の段階から進めていくことができる。

　大学在籍中の短期就業体験プログラムであるインターンシップは必ず経験させる。インターンシップ志望先の選定，インターンシップ前のSST的関わり，インターンシップ中のフォロー，インターンシップ後の振り返りを行い，就職活動のシミュレーションを行う。このシミュレーションは，本人，支援室スタッフ双方にとって有効である。経営戦略論の観点からは，本人がどこでつまずき，どのようなところで困ったのかについて丁寧に聞き取りを行うことで，就職活動支援の道筋を検討しなおす機会を得ることができると考えられる。

組織論の観点から，学内外支援機関とあらかじめ未診断のASD大学生の就職活動支援についての問題意識を共有しておく。このことは，支援チーム（組織）形成に先立つネットワークを形成することを意味する。ネットワークとは，組織よりも緩やかな関係性であり，目的に基づく協働ではないが，問題意識は共有している状態である。

VI　ASD大学生への就職活動支援の進め方

　前節で述べた支援体制に基づき，具体的にASD大学生への就職活動を支援していく。本章では暫定的に13のステップを示すが，状況によって，各ステップの順番が入れ替わることもあれば，複数のステップが並行して行われることもある。

- 支援室を就職活動の「基地」として活用することを本人に提案する。基地とは，本人が困った時にはいつでも立ち寄ることができ，次の活動方針を話し合い，場合によってはゆっくり休み，エネルギーを補給するための場所であることを示すメタファーである。
- 本人を含めた支援チームを形成する。本人が支援チームに参加するということは，組織論の観点からは，本人と支援スタッフが支援目的を共有することを意味する。このアプローチは，従来の発達障害学生支援でその重要性が示唆されていた心理教育的アプローチ（西村，2009，5章参照）と合致するものである。

就職活動のためのチーム作りは，開始時点においては必要最小限に留めたほうが，柔軟な対応と緊密な情報共有により，活動の齟齬が起こりにくくなる。また，本人にとっても，最初から多くの支援者と関わらなければならないことでストレスを感じることもある。本人が信頼できると感じるメンバーでチームを組む必要もあるだろう。

- 経営戦略の観点から，支援の当面の目的を「就職活動をあきらめない」に設定し，「内定をとる」ことに固執しない。就職活動支援の根幹は，自然な流れを重視した対話と実践のサイクルを維持することである。このことは，本人のペースを尊重することでもあり，かつ，大まかな全体スケジュールと短期的な目標を柔軟に立てていきながら，進捗状況をマネジメントすることで，本人，支援者双方の精神的負担を減らすことを意味する。また，本人と支援室スタッフの対話を通じて，採用面接時の適切な受け答えの仕方を身につけることができる効果も期待できる。支援とトレーニングを両立させるためにどうすればよいかを常に意識する必要がある。

- 早期の段階で自己分析と事業組織研究に取り組む。自己分析の結果は，自己PRの基礎資料に，自己分析と事業組織分析の結果は，志望動機作りの基礎資料となる。人的資源管理の観点から，対話の中で，本人が苦にならずに自律的にしていることを見つけ，それを称賛しながら，それをどのように効果的に面接時にアピールできるか，また，実際の仕事に活かせるかどうかを考えていく。理想的な志望動機の作成にこだわらないことも重要である。志望先の選定は「何をしたいか」にこだわるので

はなく，「何ができるか」，「何をすべきか」の観点からも現実的に検討していく。支援室スタッフは，自己実現を，仕事を通じて追求することが生き方のすべてではないとの理解に立って，本人と一緒に志望動機作りに取り組んでいく。

- 就職活動はこれまでの本人の修学経験とは質的に異なるため，未知の世界に飛び込む不安を感じやすい。本人の不安を軽減させるためにも，慣れるまでは就職サイトを通じたエントリーや応募先への電話連絡を支援室にて一緒に作業する。そのつど活動の振り返りを行い，場合によっては，具体的なアドバイスをしていくことも必要である。

- 学内カウンセラーとも協働し，就職活動中は必要に応じてカウンセリングを受けてもらう。就職活動はどうしても本人に変容を強いることになるため，精神的に不安定になることが推測できる。二次障害を防ぎ，モチベーションを維持するためにも，カウンセリングは有効な手段である。おもな支援者がカウンセラーの場合でも，学内リソースに余裕がある場合には，別のカウンセラーに依頼する方が複数の役割を担うことについての負担感を抱え込まずにすむ。

- 必要があれば，本人の同意を得たうえでキャリア支援部門を通じてハローワーク（たとえば若年者職業相談コーナー）と協働していく。ハローワークへの依頼としては，ASDを理解できる担当者をつけてもらい，条件に適合する求人情報を本人に提示してもらうことであるが，もし本人が就職を希望する地域ハローワークの中でASDを理解できる担当者がいなければ，ハローワークを支援室が支援する（メタ支援）することを提案する必

要があるかもしれない。

　ハローワークと協働する，つまり支援チームのメンバーとして迎える場合は，ハローワークの強みと弱みを分析し，支援室が弱みを補って強みをさらに伸ばしていくチーム・マネジメントを行う必要がある。

- 面接の前後には，何について話すつもりなのか，もしくは話したかについて本人と話し合う。適切な受け答えだったかどうかを本人と支援室スタッフが一緒に評価して，次の面接に活かしていく。
- 就職活動中も，支援室スタッフが意識的に本人の趣味の世界に耳を傾ける。不安にさらされている本人をリラックスさせる効果もあるが，対話の中から応募先選定のための新たな見方を探るという意義もある。たとえば同じ業種の複数の会社から内定が取れず，就職活動に行き詰まったときに，違う業種・職種に応募先を切り替えるための新しい見方が対話の中で浮かび上がってくる可能性がある。
- ハローワークと支援室スタッフとの協議により，通常の就職活動では就職が難しいと判断した場合は，本人にASD疑いを伝えたうえで，地域医療機関への受診や地域障害者職業センターや障害者就業・生活支援センターなどの利用を勧め，福祉就労支援スキームに乗せることも検討する。すでに診断があり，本人や保護者が障害者雇用での就労を希望している場合は，このステップから就職活動支援が開始されることになるだろう。

　これらの支援機関と協働する場合も，組織論の観点から，支援チームメンバーである本人の同意を得たうえで，これまでの支

援を通じて得られたアセスメント結果を共有し，スムーズな就労支援につなげていく。また，ジョブコーチを通じて，事業組織側にこれまでの支援で得られた本人の特性に応じた配慮と環境整備，コミュニケーションの取り方についてのコンサルテーションを行っていく。

- 内定後は，就業予定先の業種・職種特性を再度把握し，仕事をしやすい環境づくりのために本人としてできることは何かについて検討を行う。就業時に助けになる資格や知識が事前にわかれば，内定期間中に勉強を開始することも考えられる。

- 本人が希望すれば，卒業後も一定期間は定期的にフォローアップを行い，職場定着支援と就業・生活支援を行う。物理的な距離により支援室でのフォローアップが難しい場合には，就業開始時までに今後継続して支援してもらえる支援者を見つけていくことも必要かもしれない。

- ナレッジ・マネジメント理論の観点から，就職活動支援で創造された知識（支援ノウハウ）をチームメンバー内で共有し，次の支援に活かしていく。社会環境の変化に対応しながらも，状況によっては社会環境の変化を自ら引き起こす（Nonaka and Takeuchi, 1995）ための機会を逃がさないことや，組織的な支援能力を不断に改善していくための努力を支援室スタッフ全員が怠らないことが重要である。

以上の13のステップを基に，学内外組織との協働によるASD大学生への就職活動支援モデルを図にして示す（7-図1）。学内にある発達障害学生支援部門が，学内メンタル支援部門やキャリア支

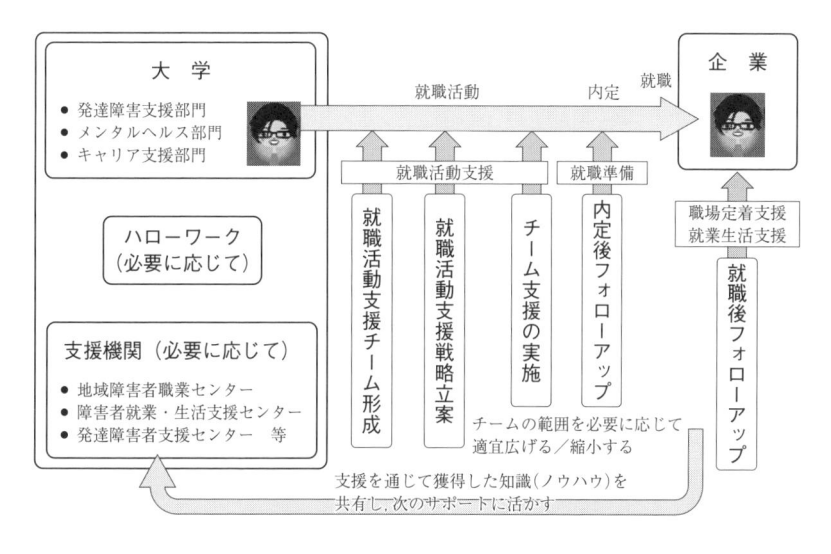

7－図1　自閉症スペクトラム大学生への就職活動支援モデル

援部門と協働し，必要に応じてハローワーク，さらには障害者支援機関との協働を行っていくプロセスをあらわしている。具体的には，支援チームを形成して戦略を立て，状況に応じてチームの範囲を柔軟に拡大，縮小させて，チーム・マネジメントを行う。内定後，さらには就業後のフォローアップをも視野に入れた包括的な支援モデルとなっている。

Ⅶ　ASD大学生への就職活動支援事例

われわれのASD大学生への就職活動支援はまだ始まったばかりであり，地域就労支援機関との協働によって福祉就労を支援した経

験はいまだない。しかしながら，診断がない学生に対して一般就労支援を行った事例は複数例ある。以下に，これまでの支援事例を基に合成した典型的なストーリーを2つ提示する。

　Iさんは，文系学部の4年次に在学する男子学生である。大学入学まではとくに修学上の困難を覚えることはなかったが，大学に入ってからは，レポートやゼミでの発表を苦手としていた。就職活動で面接がうまくいかず，留年して就職活動をやり直すこととなり，指導教員の勧めで支援室に来室した。Iさんはふだんから口数が少なく，支援室での初回面談でも，ほとんど声を発することがなかった。Iさんは自分の考えをまとめたり表現したりすることに非常に時間がかかっており，とくに，志望動機や自己PRをどのように書いたらよいかわからず，途方にくれた様子であった。支援室スタッフは，Iさんとの面談を通じて，Iさんの字義通りの捉え方や，物事の優先順位をつけたり自身のおかれている状況を他者の立場から想像したりすることの苦手さを見出し，ASD傾向のある学生との見立ての下に支援を開始した。支援室スタッフは複数回にわたって面接を行い，志望動機につながるIさんの興味や関心と，自己PRにつながる長所について，聞き取りを行った。Iさんは，自己PRについては，自分の長所など何も思いつかないと支援室スタッフに伝えた。支援室スタッフは，Iさんの考える自分の短所をあげてもらい，その短所をリフレームして，それに対応する長所を一つひとつ言葉にしていった。聞き取り内容を基に，支援室スタッフがIさんの志望動機と自己PRを文章にして案として提示したところ，Iさんはそれらの文章を見てすぐに，30分ほどで自分の文章で志望動機と自己PRを全面的に書きなおした。Iさんには，簡潔かつ論理的な文章を書く能力があり，支援室スタッフが提示した内容

よりも明らかに優れていた。

　Ｉさんは規模が大きく有名な会社に就職したいとは思っていなかったが，地元での就職を希望していた。そこで，リクナビなどの大手就職サイトを利用せず，厚生労働省が提供するWeb上の求人情報提供サービスである学生職業総合支援センターに登録されている求人票を基に，小規模だが業務内容や資本関係から比較的安定的な会社を数社選んだ。Ｉさんは一度に複数のことを同時並行で進めることが苦手だったため，同時に応募する会社は２〜３社程度に留めた。支援室スタッフと入念に打ち合わせを行った後，支援室にて直接応募したい会社に電話をかけて応募手続きを確認し，そのあとすぐに履歴書を支援室で仕上げて応募書類を投函するという作業を繰り返した。Ｉさんが受けた会社での面接では，応募書類に書いた志望動機や自己PRについて一通り聞かれた後は，家庭環境など簡単に答えられる質問が多かったため，比較的スムーズに面接をこなすことができた。Ｉさんは最終的に複数の会社の内定を取り，両親や支援室スタッフと相談した上で，自宅から通うことができるため無理なく勤務できる会社への就職を決めた。

　Ｊさんは，理系学部の４年次に在学する女子学生で，大学入学にいたるまで修学上の困難はなかったが，小さいころから対人関係の苦手さを自覚しており，いじめにあった経験もある。大学入学後も対人関係の不安を訴えて保健管理センターのカウンセリングを受けていたが，就職活動に直面したことをきっかけに，カウンセラーの勧めで支援室に来室した。支援室スタッフは，Ｊさんの言葉の使い方の厳密性や，その場の雰囲気を読み取ったり新しい環境を想像したりすることが苦手な点から，ASD傾向があるとの見立てを行った。Ｊさんが書いたエントリーシートの内容は，全体として一貫性がなく，Ｊさんの人柄が伝わりにくいものであった。Ｊさんは自分の意思や感情を文章に乗せ

て書くことが苦手だったため，読み手に批評的で他人事といった印象を与える内容になっていた。また，「今までにチャレンジして乗り越えた経験」について書く欄では，大学生活に限定している暗黙の前提がわからず，中学生の時の経験を書いていた。支援室スタッフは，採用担当者はこれらの設問を通して何を知りたいのか，を一つひとつ解説し，Ｊさんのこれまでの経験や関心を活かしながら，文章の修正を重ねた。面接担当者はエントリーシートを質問の手掛かりにすることをＪさんに理解してもらい，暗記せずとも答えることのできるエピソードを語ることを促されやすい構成に変更した。

　面接練習では，本番さながらの雰囲気の中で支援室スタッフが面接担当者に扮し，志望動機や自己ＰＲ，大学生活での経験を中心に，エントリーシートに書かれていない具体的な内容を聞きだすための質問をして，答えてもらった。模擬面接の後では，なぜその質問をしたのかの意図をＪさんに伝えるとともに，再度どのように答えるべきかを考えてもらい，その内容を文章化することで想定問答集を作成してもらった。面接の最後に聞かれることの多い，「最後に言いたいこと，もしくは採用担当者への質問」についても，業務内容で疑問に思っていることを質問して関心の高さをアピールするよう具体的なアドバイスをした。複数回の面接練習を経て作成された十分な量の想定問答集によって，Ｊさんは安心して面接に臨むことができた。面接の後は振り返りの面談を行い，Ｊさんに面接での質問を再現してもらい，どのように答えるのが適切だったかを確認した。Ｊさんはまだ内定を得られていないが，あきらめることなく就職活動を続けることができている。

　以上の２つのストーリーから読み取れることができる就職活動支援のポイントは２つある。どちらもＡＳＤ大学生が就職活動をあき

らめない姿勢を引き出す上で有効である。

　1つは，ASD大学生が面接時にパニックにならないように，できるかぎりの準備をするということである。どの事業組織も面接を重視し人物評価を行うが，すべての事業組織が，ASD大学生が苦手とする対人関係やコミュニケーション能力を最重視するわけではない。実直な性格や特定の卓越した能力についての関心が採用の決め手になることも多いであろう。そのような事業組織を学生とともに根気よく探していく姿勢が支援者には求められる。また，エントリーシートで書かれた内容を面接前から十分に掘り下げておくことも，パニックを防ぐには効果的である。

　もう1つは，対話を通じて就職活動を支援する姿勢を失わないことである。エントリーシート作成から面接練習に至るまで一貫して，採用担当者がどのような受け答えを求めているかという暗黙の前提を言葉で伝えて理解してもらいながら，同時に学生の良いところを探り，学生の興味や関心を尊重しつつ適職につなげていくための努力をする必要がある。

Ⅷ　まとめと今後の課題

　本章では，ASD大学生への就職活動支援の問題点を，学生，福祉就労支援機関，大学支援スタッフのそれぞれの立場から整理した。これらの問題を解決し，未診断のASD大学生にも対応できる，TCS論および組織論，経営戦略論，人的資源管理論を基に開発されたナレッジ・マネジメント理論を基盤とした就職活動支援モデル

を提起した。

　今後の課題は2点ある。まず，本モデルを基に対話と実践の循環を重ねて，本モデルの有効性を実証するとともに，その改善を進めていく必要がある。また，事業組織のASD大学生への採用意欲を高めるために，すべての支援関係者が事業組織に対してどのような働きかけをしていけばよいかについて検討していきたい。その1つとして，特定の能力が高いASD大学生の採用によって事業組織も発展することに資するコンサルティングのノウハウ開発が急務と考える。そのためには，経営学のアプローチを用いて，ASDのある従業員の能力を活かした業務開発を積極的に行っている事業組織のマネジメント手法についての詳細な研究が必要となるであろう。

文　献

Barnard, C.I. (1938) The Functions of the Executive. Harvard University Press, Cambridge.（山本安次郎，田杉競，飯野春樹訳 (1968) 新訳経営者の役割，ダイヤモンド社.）

Drucker, P.F. (1966) The Effective Executive. Harper Collins Publishers, New York.

福田真也 (1996) 大学生の広汎性発達障害の疑いのある2症例．精神科治療学，11(12)：1301-1309.

福田真也 (2008) 発達障害の大学生に対する大学と医療の連携：診断と告知を中心に．大学と学生，60：6-15.

林吉郎 (1994) 異文化インターフェイス経営：国際化と日本的経営．日本経済新聞出版社．

林吉郎 (1999) 六眼討議：「違い」のマネジメント・シミュレーション．慶應経営論集，17 (1)：73-92.

岩田淳子 (2003) 高機能広汎性発達障害の大学生に対する相談について．学生相談研究，23 (3)：243-252.

加護野忠男 (2010) 経営の精神：我々が捨ててしまったものは何か．生産性出版．

松瀬留美子 (2009) アスペルガー障害学生への青年期支援．心理臨床学研究，27 (4)

: 480-490.

望月葉子 (2009)「発達障害のある青年・成人に関する就業・生活実態調査」の結果：社団法人日本自閉症協会を中心とした関係者からの回答結果の報告．高齢・障害者雇用支援機構障害者職業総合センター，調査研究報告書：発達障害者の就労支援の課題に関する研究，88：17-106.

毛利眞紀 (2009) 広汎性発達障害を持つ女子学生との心理面接過程：障害と自己の特性理解についての考察．学生相談研究，30 (1)：1-11.

中島暢美 (2003) 高機能広汎性発達障害の学生に対する学内支援活動：アスペルガー障害の学生の一事例より．学生相談研究，24 (2)：129-137.

日本LD学会研究委員会研究プロジェクトチーム (2008) 大学における発達障害のある学生支援事例の実態調査報告：試行的取り組みにみる支援の実際とサポートの充実に向けて．LD研究，17 (2)：231-241.

日本学生支援機構 (2009) 平成20年度 (2008年度) 大学，短期大学及び高等専門学校における障害のある学生の修学支援に関する実態調査結果報告書．(http://www.jasso.go.jp/tokubetsu_shien/chosa0801.html.)

西村優紀美 (2006) 学生相談の立場から．LD研究，15 (3)：302-311.

西村優紀美 (2009) 大学保健管理センターにおける広汎性発達障害の大学生への支援．精神科治療学，24 (10)：1245-1251.

Nonaka, I., Takeuchi, T. (1995) The Knowledge-Creating Company：How Japanese Companies Create the Dynamics of Innovation. Oxford University Press, New York.（野中郁次郎，竹内弘高著，梅本勝博訳 (1996) 知識創造企業．東洋経済新報社．）

Nonaka, I., Toyama, R. (2005) The theory of the knowledge-creating firm：subjectivity, objectivity and synthesis. Industrial and Corporate Change, 14 (3)：419-436.

Nonaka, I., Toyama, R., Hirata, T. (2008) Managing Flow：A Process Theory of the Knowledge-Based Firm. Palgrave Macmillan, New York.

小川浩，柴田珠里，松尾江奈 (2006) 学生支援の実際：高機能広汎性発達障害者の職業的自立に向けての支援．LD研究，15 (3)：312-318.

屋宮公子 (2009) 学生相談における発達障害学生への心理教育的アプローチ：高機能広汎性発達障害学生への長期支援プロセスの検討．学生相談研究, 30 (1)：23-34.

斎藤清二 (2008)「オフ」と「オン」の調和による学生支援：発達障害傾向をもった大学生へのトータル・コミュニケーション支援．大学と学生，60：16-22.

斎藤清二, 西村優紀美, 吉永崇史 (2009) 富山大学アクセシビリティ・コミュニケーション支援室 (H-A-C-S) の取り組み. 大学と学生, 75 : 20-24.

浦野俊美, 細澤仁 (2009) 学生相談における高機能広汎性発達障害を持つ青年への支援. 思春期青年期精神医学, 19 (2) : 133-143.

Weick, W.E. (1995) Sensemaking in Organizations. Sage Publications, California. (遠田雄志, 西本直人訳 (2001)：センスメーキング イン オーガニゼーションズ, 文眞堂.)

Wing, L. (1996) The Autistic Spectrum : A guide for parents and professionals. Constable, London.

Yoshinaga, T., Toyama, R. (2007) Knowledge Reconstruction in Research and Development through Interactions among Six Lenses. International Journal of Knowledge and Systems Sciences, 4 (2) : 27-34.

あとがき

時は流れない，それは積み重なる。
野家啓一：物語の哲学　岩波現代文庫，2005

　すでに何度か触れたように，本書は富山大学における発達障害大学生支援プロジェクトにおける実践の中から生まれてきた。同時に本書は，いくつかの個人的なストーリーの融合の成果であるということもできる。著者の一人（斎藤）にとって，このプロジェクトの企画・実践にあたって，それまでの専門性がまったく異なるスタッフとの文字通りの協働（コラボレーション）は，じつにスリリングな体験でもあった。

　自閉症児教育に自身のアイデンティティをおいていた著者の一人（西村）は，長年，知的障害をともなう自閉症児教育に携わってきた。言葉でのコミュニケーションができない自閉症児とどのように「つながる」か，そして彼らの素晴らしい興味の志向性をいかに知的活動に活かすかをつねに考え続けていた。「長所を活かすこと」と，「学びの原動力は好奇心」であることをかつての教え子たちから学んだ記憶は今でも新しい。1995年より学生相談の場に身を転じ，臨床心理学に自らのアイデンティティを模索し，今，発達障害大学生支援に携わって，かつての記憶が鮮明によみがえると

ともに,「つながること」,「長所を活かすこと」,「学びの原動力は好奇心」という共通した視点を改めてここで見つめ直すことになった。ますます,自閉症の内的体験世界にひき込まれていく感がある。

　西村は高等教育機関における発達障害学生支援を始めるにあたって,漠然とした感覚ではあるが,知的障害のある自閉症の教育や小・中学校までの義務教育とは異なった支援スタイルが必要であると感じていた。大きな違いは18歳という年齢の重みである。学生はこれまでの人生の中でさまざまな体験を積み,自分なりに最大限の努力をしてきている。たとえ診断がある場合でも,特性に対応した適切な支援を受けてきたという事例はほとんどない,というのが現状である。多くの学生は,自らの力でここまでやってきたのである。「ボクの努力不足です」と言う学生,「私には(良いところが)何もない」と言う学生,「自分のことが一番わからない」と言う学生。このような学生を前にして,「あなたを支援します」という言葉はどのように受け止められ,またどのような意味をもつのであろうか。実際に何をどのように支援する必要があるのだろうか。

　このような問題意識をもって臨んだ「発達障害大学生支援」であったが,著者の一人(斎藤)が提唱するナラティブ・アプローチは,かつて西村が知的障害のある自閉症児と向き合った時の感性的コミュニケーションを彷彿とさせた。コミュニケーションの前提であり,またコミュニケーションの目的でもある,彼らの「基盤としてのナラティブ」に向き合うこと,そして,彼らと支援者との新しい物語(ナラティブ)を創造することが支援の重要なポイントであることを西村は再認識した。

　発達障害学生の基盤としてのナラティブを支援者同士が共有すること,そしてそれぞれの経験と知識,専門性を支援に活かしていくための「場」という感覚は,これまでの障害児教育という枠組みにおいては,ほとんど

意識されていなかったように思う。向き合うべきは「支援される人」と「支援する人」という二者であり，個と個との関係性が従来の中心的な関心事であった。しかし，「知識創造に結びつく場」の概念の重要性を説き，それにもとづく実践を目の前で展開してくれたのが著者の一人（吉永）であった。個と個の支援が編み目のように張りめぐらされることによって，大きな支援の場が大学というコミュニティの中に生みだされ，支援の拡がりが確実なものになるのではないだろうか。

　大学生から一貫して経営学を専攻していた著者の一人（吉永）にとって，発達障害大学生支援は，まさに未知の体験であった。異分野を横断した新たな実践研究の機会を求めて，2008年4月に富山大学の発達障害大学生支援プロジェクトに加わるまでは，発達障害はおろか，学生支援のこともまったくわからなかった。当初は門外漢がどのような貢献ができるだろうかと不安に感じていたが，共著者（斎藤・西村）による手厚いスーパーバイズの下で，目の前にいる学生に向き合うことに全力を尽くすことができた。まずは現場に飛び込み，現実を肌で感じ，悩みながらも少しずつ打つべき手を考えていく，そのような活動が許されたことは幸いであった。本プロジェクトにナレッジ・マネジメント理論を導入することよって，「全学的な発達障害学生支援体制を構築した」ことではなく，「発達障害学生支援の取り組みが全学的になる」ことを実現しつつあることをスタッフの1人として吉永は誇りに思う。動きやすい環境を整えてからではなく，まずは一歩踏み出して支援を開始したことに当理論導入の意義があったのではないだろうか。

　本プロジェクトでは，発達障害大学生一人ひとりを教師として，社会が取り組むべき問題について学んだ。一方で，発達障害大学生の抱える困難

さに向き合いつつも，彼女／彼らの持つ豊かな個性に惹かれた。本書では随所において，好奇心を持って彼女／彼らと接することの重要性が示されてきたと思う。個人的には，大学院に進学して以来関心を抱いていたナラティブ・アプローチと，専門のナレッジ・マネジメント理論との融合を実践・理論両面で共著者（斎藤・西村）との協働により試みる作業は，吉永にとってつねに刺激的であった。

　吉永のこれまでの経験や関心を，期せずして発達障害大学生支援に活かすことができたことをうれしく思っている。本プロジェクトほど，大学においてトレーニングを積んだ戦略思考が役に立ったことはなかった。また，吉永が大学卒業後勤務した銀行での営業経験で磨いた交渉術を，コーディネーションに活かすことができた。さらに，博士論文のテーマでは，研究開発現場での「異能の人を活かすためのマネジメントのあり方」を追求していたが，そのことが，当プロジェクトが描く発達障害者の能力が大学や社会の財産となる将来像を違和感なく受け入れる素地になったと思う。本書を通じて，「発達障害の専門家ではなくても，専門家からの支援を受けて，自らの経験や関心を総動員すれば発達障害者の支援が担えるようになる」ことを，声を大にして読者に伝えたい。

　本著は，発達障害学生への支援に関して，特別支援教育の枠を拡げ，臨床心理学，知識経営学などの多様な専門性が融合した新しいアプローチの在り方を提言するものである。本書が，他の大学での発達障害大学生支援の一助になること，そして，本プロジェクトが追求している社会像に近づくための推進力になることを期待している。

　本書は三人の著者の力だけでは，とうてい完成することはできなかった。富山大学の発達障害大学生支援プロジェクトを遂行するにあたり，富山大

学長・西頭德三先生には，公募審査におけるヒアリング段階から一貫して全面的な理解と温かい支援をいただいた。本プロジェクトの理論的基盤，実践的ノウハウに関して貴重なアドバイスをいただいた，一橋大学名誉教授・野中郁次郎先生，中央大学戦略経営研究科教授・遠山亮子先生，東京学芸大学名誉教授・上野一彦先生，放送大学ICT活用・遠隔教育センター教授・広瀬洋子先生，福岡教育大学大学院教育学研究科教授・納富恵子先生，あつぎ診療クリニック・明治大学学生相談室・福田真也先生，信州大学教育学部教授・髙橋知音先生，高知大学保健管理センター講師・北添紀子先生には深く感謝申し上げたい。

本プロジェクトの実践に全面的に関わり，発達障害大学生支援の現場において現在も著者らと協働を続けている頼もしい仲間である，水野薫，桶谷文哲，松谷聡子，米鳥博美，石村恵理氏に感謝する。彼らの献身的な関わりがなければ，著者らはとっくに燃え尽きていたであろう。また本書の出版にあたって，ハードな日程にもかかわらず快く企画を受け入れていただき，プロとしての立場から編集の労をとっていただいた，金剛出版の藤井裕二さん，北川晶子さんには最大の感謝を捧げたい。

2010年8月16日
斎藤清二
西村優紀美
吉永崇史

■付記

　本書の内容は，平成19（2007）年度文部科学省，「新たな社会的ニーズに対応した学生支援プログラム（学生支援GP）」の助成を受けた「『オフ』と『オン』の調和による学生支援——高機能発達障害傾向を持つ学生への支援システムを中核として——」の実践にもとづいている。

　また，本書の内容の一部は，文部科学省科学研究費基盤研究（C）「物語共有による発達障害大学生の経験的学習の推進——Web支援システムの構築——」（課題番号21530720）および，文部科学省科学研究費若手研究（B）「高機能広汎性発達障害者の特性を活かす組織デザイン（課題番号21730294）」の助成を受けた研究にもとづいている。

索　引

A-Z

ADHD →注意欠如／多動性障害
AS →アスペルガー症候群
ASD →自閉症スペクトラム障害
ASD 大学生
　　——の困り感 *243*
　　——への就職活動支援事例..... *257*
　　——への就職活動支援モデル
　　　................................... *256*
HFASD →高機能自閉症スペクトラム障害
HFDI →高機能発達不均等
LD →学習障害
PDCA モデル *70*
PDD →広汎性発達障害
PSNS
　　富山大学—— *100, 148, 158*
SECI モデル *75*
TEACCH *143*
TST テスト *177*
Wing の三つ組み *18, 26, 204*

あ

アクションリサーチ *215*
アスペルガー症候群（AS）
　　................................. *18, 38, 203*
　　当事者 *236*
アセスメント
　　概念 *51*
　　定義 *51*
暗黙知 *72*
暗黙のルール *34*
イマジネーションの障害 *207*
医療における心理教育 *142*
エデュテイメント理論 *213*
オンライン学生支援 *100*

か

外在化する会話 *195*
学習障害（LD）......................... *18*
感性的コミュニケーション *207*
基盤としてのナラティブ *59, 147*
教育の分野における心理教育 *142*
グループ臨床 *212*
ケアの実践におけるナラティブ・
　アプローチ *54*
経営 *71*
形式知 *72*
高機能自閉症スペクトラム障害
　（HFASD）............................. *44*
高機能発達不均等（HFDI）
　　........................... *22, 29, 40*
高信頼性組織 *96*

広汎性発達障害（PDD）............ *18*
合理的配慮............ *109*
　──探究のプロセスの具体例
　............ *123*
　定義............ *112*
　──の実行とその評価............ *127*
　──の実行と評価............ *122*
　──の探究............ *109*
　──の探究プロセスの具体例
　............ *118*
　──のニーズ............ *130*
　──を探究するための前提条件
　............ *115*
コーディネーション............ *120, 126*
コミットメント............ *117*
コミュニケーション............ *17*
　感性的──............ *207*
　──教育............ *203*
　──教育法の開発............ *215*
　──の障害............ *205*
　社会的──............ *82*
　理性的──............ *207*

さ

再著述する会話............ *198*
支援チーム............ *156*
視点............ *120*
自閉症スペクトラム障害（ASD）
　............ *18, 241*
　──の困り感............ *243*
　──の大学生............ *140*
　──への就職活動支援事例............ *257*

──への就職活動支援モデル
　............ *256*
社会性の障害............ *204*
社会的コミュニケーション............ *82*
就職活動
　13のステップ............ *252*
就職活動支援............ *241*
障害
　イマジネーションの──............ *207*
　──に基づく差別............ *111*
　──の医学モデル............ *111*
　──の社会モデル............ *110*
障害受容............ *31*
障害モデル............ *31*
心理アセスメント............ *52*
心理教育的アプローチ............ *142, 146*
　私たちの──............ *200*
摂食障害............ *45*
セルフ・アセスメント............ *58*
ソーシャルスキルトレーニング
　............ *208*

た

対話の成立............ *57*
チーム支援............ *95, 110, 115*
知識............ *72*
注意欠如／多動性障害（ADHD）
　............ *18*
ツールとしてのナラティブ・
　アセスメント............ *61*
当時者による自叙伝............ *202*

トータル・コミュニケーション・
　　サポート *21, 82*
　　――論 *248*
富山大学 PSNS *100, 148, 158*
とりあえずの支援方策 *120*

な

物語 *35*
ナラティブ・アセスメント
　　................................ *50, 53, 119, 123*
　　ツールとしての―― *61*
　　定義 *57, 66*
　　――のプロセス *57*
ナラティブ・アプローチ
　　................................ *35, 41, 73, 146, 195*
　　ケアの実践における―― *54*
　　――に基づく心理教育法の確立
　　.. *142*
ナラティブ・セラピー *195*
ナラティブ・ベイスト・メディスン
　　.. *35*
ナレッジ・マネジメント *70, 72*
　　――理論 *248, 250*
20 の私 *177*

は

発達障害
　　概念 *18, 30*

　　――という物語 *36, 40*
　　――の診断 *51*
発達障害学生支援システム *70*
発達障害学生支援のための
　　活動モデル *80*
発達障害者支援法 *68, 240*
ピア・サポーター *138*
福祉就労 *244*
　　――支援 *244*
プロジェクト *97*

ま

マネジメント *71*
　　――理論 *248*
メタ支援 *84*
物語の定義 *37*

や

ユニバーサル・デザイン *83*

ら

ライフスキル *208*
理性的コミュニケーション *207*

わ

私たちが考える心理教育 *145*
私たちの心理教育的アプローチ
　　.. *200*

■著者紹介

斎藤清二（さいとう・せいじ）

　1975年新潟大学医学部医学科卒業。医学博士。(旧)富山医科薬科大学第3内科助教授を経て、2002年より富山大学保健管理センター教授（センター長）。専攻は内科学、心身医学、臨床心理学、医学教育学。主な編著書は『はじめての医療面接——コミュニケーション技法とその学び方』（医学書院、2000年）、『ナラティブ・ベイスト・メディスンの実践』（金剛出版、2003年）、『ナラティヴと医療』（金剛出版、2007年）など。

西村優紀美（にしむら・ゆきみ）

　1984年金沢大学大学院教育学研究科障害児教育専攻修了。教育学修士。金沢大学教育学部附属養護学校文部教官、石川県立明和養護学校教諭を経て、1995年より富山大学保健管理センター専任講師、2000年より同センター助教授、現在同センター准教授。専攻は障害児心理学、発達障害児・者支援臨床、臨床心理学。著書は『子どもの興味から始まる総合的な学習——子どもの特性と長所を活用する特別支援教育』（明治図書出版、2000年）、『二次的な課題への対応——カウンセリング（分担執筆）：中学・高校におけるLD・ADHD・高機能自閉症等の指導——自立を目指す生徒の学習・メンタル・進路指導』（東洋館出版社、2007年）。

吉永崇史（よしなが・たかし）

　1998年青山学院大学国際政治経済学部卒業。中央三井信託銀行勤務を経て、2007年北陸先端科学技術大学院大学知識科学研究科博士後期課程修了。博士（知識科学）。北陸先端科学技術大学院大学21世紀COEプログラムポスドク研究員を経て、2008年より富山大学学生支援センター特命准教授。専攻はナレッジ・マネジメント（知識経営）。著書（分担執筆）は『ラボラトリー＝スタディーズをひらくために：日本における実験系研究室を対象とした社会科学研究の試みと課題』（JAIST Press、2009年）。

発達障害大学生支援への挑戦
ナラティブ・アプローチとナレッジ・マネジメント

2010年10月30日発行
2011年 8月31日二刷

著　者　斎藤清二
　　　　西村優紀美
　　　　吉永崇史

発行者　立石正信

印　刷　平河工業社
製　本　誠製本

発行所　株式会社金剛出版
　　　　〒112-0005　東京都文京区水道1-5-16
　　　　電話 03-3815-6661
　　　　振替 00120-6-34848

ISBN978-4-7724-1167-7　C3011
Printed in Japan　©2010

ナラティブ・ベイスト・メディスンの実践

斎藤清二,岸本寛史著

A5判　270頁　定価4,410円

　本書は，NBMの基本的概念から，その使い方，そして，量的研究から，実際の臨床に益する質的研究方法への転換などを，研究者ではなく，あくまでも治療者の視点から，多くの事例をもとに語ったものである。「医療」とは，そもそもいったい何か？　「治療」「治す」ということは，いったい何を目的としているのか？　患者の幸福？　治療者の満足だろうか？──本書はこういった本質的な問いに対する一つの解を与えるものであり，すべての治療者に必読のものとなるだろう。

ナラティブ・ベイスト・メディスン
臨床における物語りと対話

T・グリーンハル，B・ハーウィッツ編／斎藤清二,山本和利,
岸本寛史監訳

A5判　300頁　定価5,040円

　本書は医学界に強調されてきたEBMに対する補完的な意味をもつ考えであり，新しい時代にかなったパラダイム・シフトを医療者に求める画期的な書物である。治療を受ける側が自ら語り出す「ナラティブ」を重視し，対話を臨床実践に生かすことは，医療の重要な責務でもあり，医療が患者と治療者のあいだでスムースに進み，臨床が真に確立する鍵ともなる。NBMの理論とその背景，そして実践に関する膨大な情報をまとめた本書は，医師をはじめとするすべての医療関係者に役立つはずである。

保健専門職のための
NBMワークブック
臨床における物語共有学習のために

T・グリーンハル，A・コラード著／斎藤清二訳

A5判　160頁　定価2,940円

　『NBMワークブック』は医師や看護，保健，ソーシャルワーカー，心理などの医療職に向けて書かれた，NBM（ナラティブ・ベイスト・メディスン）の学習書である。
　NBMやナラティブという考え方は広く捉えどころがないが，本書には多くの患者の物語が描かれ，物語の側面が10のユニットに分かれて説明されているので，だれもがNBMを直感的にも理論的にも理解できる。

価格は消費税込み（5％）です

ナラティヴ実践地図
マイケル・ホワイト著／小森康永・奥野 光訳

　　　　　　　　　　　　　　Ａ５判　264頁　定価3,990円
　ナラティヴの体系とテクニックを理解し，実践するための決定的なガイド。ナラティヴ・セラピーの六つの主要な技法を，実際の臨床場面でどうやって用いればよいのかが，実際の面接の逐語録と，詳細な解説によって示される。
　初心者がナラティヴ・セラピーの何たるかを知るに格好の書であると同時に，経験を積んだセラピストにとってもナラティヴ・セラピーの魅力を繰り返し発見させられる，マイケル・ホワイト最後にして最高の１冊である。

新しいスクール・カウンセリング
学校におけるナラティヴ・アプローチ
Ｊ・ウィンスレイド，Ｇ・モンク著／小森康永訳

　　　　　　　　　　　　　　四六判　228頁　定価2,520円
　ナラティヴ・アプローチとは，「話し相手の語るストーリーこそが，その人の人生を形作っていると考え，そのストーリーの改訂のために，より好ましい素材を一緒に探し，新しいストーリーを共同で練り上げていくアプローチ」と言うことができる。ストーリーは一個人の頭の中にあるのではなく，多くの人々との対話という相互作用のなかで日々生まれ直している。ナラティヴ・セラピーを学校という舞台で適用するための手引き。

子どもと若者のための
認知行動療法ワークブック
上手に考え，気分はスッキリ
ｐ・スタラード著／下山晴彦監訳

　　　　　　　　　　　　　　Ｂ５判　212頁　定価2,730円
　本書は，認知行動療法を子どもや若者に適用するために，理解しやすく，楽しんで課題に取り組めるように工夫をしたもの。認知行動療法の基本的な考え方が，日常の具体例や噛み砕いた喩えを多用して非常にわかりやすく説明され，続くワークシートで，実際に子どもや若者がそこに絵や文字を書き込むことで，自分の気持ち，認知，行動をつかみ，その関連性を理解し，感情や行動をコントロールする練習ができる。個人面接だけでなく，教室などのグループを対象とした心理教育や予防活動などにも幅広く応用できる，実用的な１冊。

価格は消費税込み（5％）です

軽度発達障害
繋がりあって生きる

田中康雄著

　　　　　　　　　　　　　　　　Ａ５判　312頁　定価3,990円

　本書は，一人ひとりの子どもたちの内面ににじり寄る想像力と，障害の可能な限りの実証的解明を礎としながらも，視野を広げ，安易な医療化と対処法による割り切りへの反省を携えながら実践を積み重ねてきた児童精神科医の中間報告である。

　発達障害を持つ子どもたちと養育者が紡ぐさまざまな物語を読み解きながら，冷静な診断を目指す知と，生活の場で連携し全人的に繋がりあって生きる社会への情熱を重ね合わせ，子どもたちの希望を支える。教育・福祉と児童精神医学の一つの挑戦。

大学教職員のための大学生のこころのケア・ガイドブック
精神科と学生相談からの15章

福田真也著

　　　　　　　　　　　　　　　　Ａ５判　198頁　定価2,940円

　さまざまな学生が集まる大学では，発達障害や精神医学的な問題を持った学生も多くおり，本人ばかりか周囲も対応に苦慮している。本書は，そんな大学生に見られる精神的・心理的な問題を症状ごとに事例を示しながら具体的に解説したものである。

　精神科医として学生相談カウンセラーとして，大学生と出会ってきた著者が，専門家や周囲の人々がどう援助すればいいのかを詳しく書いたわかりやすいガイドであり，大学教職員のためのキャンパスにおける精神医学とカウンセリングの入門書でもある。

発達障害の人の就労支援ハンドブック

梅永雄二　編著

　　　　　　　　　　　　　　　　Ａ５判　200頁　定価1,995円

　平成17年度に「発達障害者支援法」が施行され，発達障害を持つ人たちが国による支援の対象となりました。本書では，発達障害者に対する就労支援サービスの実際についてわかりやすく紹介します。今，社会において，就職をめざして活動中の発達障害の人々が，求職活動の手がかりやヒント，自分にあったサービスを見つけるためのガイドブックとなることを目的としています。

価格は消費税込み（5％）です

心理援助の専門職として働くために
臨床心理士・カウンセラー・PSWの実践テキスト
M・コーリィ，G・コーリィ著／下山晴彦監訳

Ａ５判　238頁　定価3,570円

コミュニティや組織の中でどのような働きが求められ，どういった役割を果たす必要があるのかが，アウトリーチ活動，危機介入などをキーワードに示されています。また，グループワークの意義やその活用方法，さらに，家族をシステムとして捉え，援助していくこと，その際に援助者自身の家族体験がいかに影響するか等もテーマとなっています。人生の各段階での課題について知り，自分の人生経験をいかにクライエント理解に生かすかについても，具体的に述べられています。

心理援助の専門職になるために
臨床心理士・カウンセラー・PSWを目指す人の基本テキスト
M・コーリィ，G・コーリィ著／下山晴彦監訳

Ａ５判　296頁　定価3,990円

心理援助に関する本は数多く出版されているが，そのほとんどは援助のための技法や理論，あるいは具体的な手続きを扱っている。本書はそうした本とは一線を画し，焦点が援助職（を目指す人）自身にあり，援助専門職になるための教育訓練課程で生じる問題，他者を援助する際，援助者自身が自らの課題として取り組まねばならない人間的側面がテーマとなっている。臨床心理士，PSWなどの心理援助職を目指す学生，初心の専門職のための，今すぐ役立つ実践テキストブック！

統合的心理援助への道
真の統合のための六つの対話
村瀬嘉代子編著

四六判　232頁　定価2,520円

さまざまな人々に出会う過程で，個別に即して，理論や技法をどう適用するか。援助する「人」がもつ望ましい要因とは？　自らの臨床家としての歩み，印象的なクライエントとのやりとり，臨床心理学と精神医学・科学との関わり，21世紀の心理臨床家に求められることなど，統合的心理援助への指針を導き出す，村瀬嘉代子と田中康雄，村山正治，中井久夫，滝川一廣，青木省三，新保幸洋の各氏による対談集。

価格は消費税込み（5％）です

ナラティヴ・エクスポージャー・セラピー
M・シャウアー，F・ノイナー，T・エルバート著／森 茂起監訳／明石加代，牧田 潔，森 年恵訳 わが国初のNETマニュアル。　　　　　　2,940円

ナラティヴ実践再訪
小森康永著　小児から緩和ケアにいたる著者の実践をなぞるように読みすすめることで，ナラティヴ・セラピーへのより深い理解が得られる。　　　2,730円

ADHDへのナラティヴ・アプローチ
ナイランド著／宮田敬一，窪石文子監訳　今日のADHD診断の急激な増加や，数多く行われる安易な投薬治療の現状に，鋭く疑問を投げかける書。　3,360円

ナラティヴと心理療法
森岡正芳編　臨床心理におけるナラティヴをユング派的な物語論から思想的最前線にある構成主義まで多岐にわたって考察した論者を集めた最高の一冊。2,940円

ナラティヴ・セラピーみんなのQ&A
ラッセル，ケアリー編／小森康永他訳　ナラティヴ・セラピーの実践に重要なキーワードについての10個ほどの質問にそって技術書風に書かれた入門書。2,940円

ナラティヴ・セラピーって何？
A・モーガン著／小森康永他訳　多くのケースを例示して簡潔に説明した，読みやすい，使いやすい，肩の凝らない最適の入門書がここに訳出された。　2,730円

発達障害と子どもの生きる力
榊原洋一著　子どもは皆「力強い生きる力」をもつという思いを根底に，小児科医として長年にわたり暖かに育児を支えてきた著者はじめての論文集！ 2,940円

発達障害児への心理的援助
鶴 光代編　第一人者がその心理的援助の可能性を探る。発達障害児が抱える問題に対し，さまざまな観点からアプローチし，解決の糸口を導く。　2,940円

発達障害と少年非行
藤川洋子著　事件を多角的に見ることによって不可解さの要因を解明し，非行少年の適切な処遇につなげたいとした著者渾身の論文集。　　　　　　3,360円

現場に生きるスクールカウンセリング
平松清志編著　不登校，いじめ，非行，軽度発達障害，守秘義務の問題，ピアサポート，保護者面接，危機介入等，あらゆる課題への対応を解説。　2,730円

軽度発達障害児の理解と支援
降籏志郎著　学校や地域の養護施設で働く臨床家や家族のために治療教育的な発達支援の実際を事例をあげてわかりやすく解説した実践的指導書。　2,940円

発達障害の臨床
中根 晃著　自閉症，LDやADHD，発達障害の鑑別，治療法などに関する論文を掲載。治療現場での対処，家庭内や学校での対応まで言及する。　4,410円

臨床心理学
最新の情報と臨床に直結した論文が満載
B5判160頁／年6回（隔月奇数月）発行／定価1,680円／年間購読料（増刊号含む）12,600円（送料小社負担）

精神療法
わが国唯一の総合的精神療法研究誌
B5判140頁／年6回（隔月偶数月）発行／定価1,890円／年間購読料11,340円（送料小社負担）

価格は消費税込み（5％）です